KB096957

내 멋대로 살기

이경노 지음

창조와 지식

머리말

당신은 어떤 삶을 살아가기를 바라는가? 이 세상은 가능성의 세상이다. 당신이 원하기만 하면 어떤 삶이든 살 수 있다. 그 가능성은 당신에 의해서 바뀐다. 부정적인 가능성도 긍정적인 가능성도 어떠한 가능성도 모두 당신에게 달려있다. 당신이 선택할 수 있다는 말이다. 필자는 그 동안의 수련과 경험을 토대로 지금까지와는 다른 새로운 삶을 살고자 하는 사람들이 그 가능성을 경험하도록 해주고자 한다.

어린 시절부터 나는 정신세계에 관심이 많았고 대학에 들어가면서부터는 무엇인가에 이끌리듯 마인드컨트롤, 선, 최면, 도가사상, 아봐타, 요가명상, 기공, 태극권 등 기氣와 정신세계에 관련된 각종 수련법을 찾아다니며 심취하여 수련하였다. 수련을 하면 할수록 여러 가지 신기한 경험을 하게 되었는데, 이때마다 "야! 이거 끝내주는데" 하면서 놀라움을 금할 수 없었다. 그리고 「노자老子」, 「장자莊子」의 의미를 파악하기 위하여 수 없이 읽고 또 읽으면서, 불에 들어가도 뜨겁지 않고 물에 들어가도 젖지 않는다는 성인(도인)에 대해서도 경외심을 가지게 되었다.

하지만, 수련을 하면 할수록, 도가사상을 파고들면 들수록 '그런 수련법들이 왜 그런 기적 같은 경험을 하게 하였고 도인들은 어떻게 그런 기적을 행할 수 있는 것인가?'라는 의문을 가지게 되었다. 그럴수록 수련에 더 힘을 기울였고 노장과 그에 관련된 서적들을 더 깊이 탐독하였다. 그렇게 오랜 시간을 거친 후에 이에 대한 의문이 풀리게 되었고, 세상이 움직이는 원리에 대해서도 나름대로 작은 깨달음을 가지게 되었다. 그리하여 이런 깨달음을 바탕으로 몸과 마음에 상처를 가진 사람들을 상담하고 그 기법을 적용함으로써 많은 사람들이 단기간에 새로운 삶을 살게 되었다.

하지만, 이렇게 한 사람 한 사람을 변화시키는 것은 한계가 있기에 더 많은 사람들의 변화를 이끌어내기 위하여 이 책을 쓰게 되었다. 이는 단지 나 한사람의 경험과 소견을 피력하는 것이므로 모두가 공감하지는 못할 것이라는 생각도 있고, 더러는 본 내용에 대하여 반감을 가지는 사람도

생길 수 있지만, 한 사람이라도 부정적이었던 삶을 긍정적
으로, 피동적인 삶을 능동적으로 바꿀 수 있다면 그것으로
족하다. 그 동안 나를 지도 해 주신 사부님들과 나를 거쳐
가면서 긍정적인 삶을 살게 된 많은 분들에게 감사의 마음
을 전한다.

이경노

CONTENTS

PART **1**

내가 선택하는 삶

내가 선택하는 삶

많은 사람들이 우리는 운명 속에 살고 있으며 그것은 바꿀 수 없는 것이라고 말한다. 그러면서 삶을 운명에 맡기고 그럭저럭 또는 세상을 원망하며 살아간다. 그렇다면 우리 스스로가 할 수 있는 일이란 대체 무엇이란 말인가? 아무것도 하지 않고 그저 정해진 운명이나 기다리며 사는 삶이 과연 가치 있는 삶일까?

우리는 인생을 살아가는 동안에 가치를 추구하고 보람을 느끼는 삶을 살아가길 원한다. 이렇게 '운명'을 운운하면서 넋두리 하며, 마치 배를 타고 바다에 나가 스스로가 배를 조종하지 못하고 조류와 바람에 휩쓸려 이리저리 떠다니는, 그러다 전복되고 말지도 모를 그런 삶을 살고 싶은지 스스로에게 물어봐야 할 것이다. 모든 것의 원인을 운명으로 돌린다면 어쩌면 잠시라도 마음이 편할지도 모르겠다. 이것은 내가 잘못한 것이 아니라 운명 탓이라고 생각하면 말이다. 이는 나약하고 게으른 사람들의 핑계가 아닐까 한다.

누군가 "삶은 운명에 따라 움직이고, 나는 운명적으로 이렇게 될 수밖에 없어" 하면서 운명론을 펼친다면, 자신의 생각 안에서는 그것이 진리다. 모든 것이 운명이며, 운명은 피해갈 수 없다고 생각하면 그 사람은 그런 삶을 살게 된다. 운명적으로 살아갈 수밖에 없다. 또 어떤 사람이 "삶은 스스로 개척하는 것이야. 내 삶은 내가 만들어가는 것이야" 하고 생각하고 산다면 그 사람은 자신의 삶을 능동적으로 장악하는 삶을 사는 것이다.

피동적으로 운명에 맡기고 사는 것과 능동적으로 자신의 내재된 힘을 믿고 사는 것은, 삶이라는 긴 항해를 헤쳐 나가는데 있어서 커다란 차이가 있다. 어떤 사람이 이것은 신의 뜻에 의한 것이라고 생각하며 산다면 그 사람은 신의 뜻 안에서 사는 것이다. 그 사람의 마음이 전부이기 때문이다.

당신이 긍정을 믿으면 긍정적인 삶을 살게 될 것이고 부정을 믿으면 똑 같이 부정적인 삶을 살아가게 될 것이다. 당신이 무엇을 믿을 것인지는 당신의 선택에 달려있다. 그렇다면 지금 당신은 무엇을 선택하겠는가?

현재라는 것은 잠재의식과 현재의식이 지속적으로 서로 영향을 미치면서 만들어내고 있는데, 그렇다면 이런 의식은 어떤 상황들을 만들어내며 어떤 원리가 존재하여 그런 현상들이 이루어지는 것일까?

PART **2**

의식이 만드는 현상들

기氣를 매개로 일어나는 현상들

의식은 기氣를 움직이고 기는 물질(인체를 포함)에 지속적으로 영향을 미치고 있다. 하지만 우리는 그것을 잘 인식하지 못한다. 아주 자연스럽게 일어나는 일이기 때문이다. 누군가가 내는 목소리는 공기가 매개 역할을 해주지 않는다면 다른 사람에게 들릴 수 없다. 공기는 보이지 않지만 그 영향은 분명히 작용하고 있지 않은가? 물고기는 물속에서 물의 존재를 잊는다. 항상 그 속에 있기에, 한 몸처럼 너무 가까이에 있기에 인식하기 어려운 것이다.

기氣도 우리에게 지속적으로 영향을 미치지만, 보이지 않으면서도 언제나 작용하고 있고 그 안에서 살고 있기에 잘 인식하지 못하고 있다. 하지만 기와 관련된 현상들은 기를 수련하는 사람들에게서 확연히 엿볼 수 있다.

지금 소개하는 몇 가지 예는 기를 수련하는 사람들이 할 수 있는 것이지만, 실제로는 일반인들도 알게 모르게 생활 속에서 서로에게 기운으로 영향을 미치고 있다. 기를 매개로 일어나는 현상에 대한 수많은 경험 중에 기가 물체에, 인체에, 다른 생물에 영향을 미치는 사례를 하나씩 소개하고자 한다.

기氣가 기와를 움직여 깨어지다

티베트 승려였던 중국의 홍이 사부님과 둘이서 수련을 위하여 마련한 산 속의 집 안에 앉아 커다란 유리창을 통해서 앞쪽의 먼 산을 바라보고 있었다. 사부님이 기에 대하여 설명하고 있었는데, "기는 의식에 의해서 움직이기 때문에 의식을 저 쪽으로 보내면 기가 저쪽으로 가고"라고 말하면서 멀리에 있는 앞산을 손가락으로 가리켰다. 그리고 "의식을 이쪽으로 가져오면"하고 말하면서 앞산을 가리키고 있던 손을 우리 쪽으로 향하는 순간, 밖에서 무언가 깨어지는 커다란 소리가 들려왔다. 무슨 일인지 확인해보라는 사부님의 말씀에 나가보니 기왓장이 떨어져 박살이 나 있었다.

의식을 저쪽으로 보냈을 때는 기가 저쪽으로 갔고, 이쪽으로 의식을 옮겨올 때 기가 강하게 이동하면서 기왓장에 영향을 미쳐서 떨어졌다는 사부님의 말씀에, 기는 생명체에만 영향을 미친다고 생각했던 나의 고정관념이 깨졌다. 이렇듯 이 의식은 기를 움직이고 기는 물질에 영향을 준다. 다시 말해 의식은 물질에 영향을 주는 것으로, 우리 주변에서 일어나는 갖가지 현상에 그대로 영향을 미친다. 기는 입자성과 파동성을 가지기에 이 세상의 어느 것에도 영향을 미칠 수 있다. 또한 의식세계에서 일어나는 일들이니 의식이 미치는 곳엔 어느 곳에나 영향을 미친다.

먼 곳에서 타인의 기를 움직이다

대야산은 나와 함께 기를 수련하는 형님들이 있는 곳이다. 어느 날, 며칠 일정으로 기수련을 하려고 대야산으로 향했다. 주차장에 차를 주차시키고 형님들이 수련하는 장소로 이동하고 있었다. 그곳은 대야산 기슭에 있으며 숲속 공터에 잠자고 먹을 수 있는 시설을 마련해 놓았다. 주차장으로부터 약 20분 정도를 걸어가야 하는데 가는 길이 구불구불하게 이어지며 언덕을 지난다.

길을 걷고 있는데 갑자기 내 몸의 기가 위로 치솟았다. 깜짝 놀라 아래로 끌어 내렸더니 곧 바로 다시 솟아오르고, 끌어내리면 다시 솟기를 반복하였다. 주변 지형이 기를 위로 솟아오르게 하는가 싶어 손으로 기를 감지해 봐도 그런 지형이 아니었다. 주변에서 기가 위로 솟으면 인체가 그 영향을 받는다. 하지만 그 곳은 기가 솟는 지형이 아니었다. 몇 번의 그런 상황을 겪자 무시하고 걸어갔다.

숲 속으로 들어서니 태복이 형님이 나를 맞이하였는데, 씩 웃으면서 "올라올 때 뭐 이상한 것 없었니?" 하는 것이다. 형님이 장난을 친 것이다. 내가 올라오는 것을 감지하고 그 멀리서 내 몸의 기를 위로 끌어올리는 장난을 한 것이다. 이렇듯이 기는 지금 앞에 있는 사람에게만 영향을 주는 것이 아니고 의식이 가는 곳이라면 어디든지 영향을 미친다. 우리의 의식은 주변으로 계속 영향을 미치고 있으며 의식이 가지 못하는 곳은 없다. 과거, 현재, 미래도 마찬가지다. 의식이 가는 곳에는 어디든지 기로써 영향을 미치게 할 수 있다.

이전에 강의 중에 몇 백 명의 사람들에게도 기를 보내면 대부분의 사람들이 어느 쪽으로 기가 이동하는지 감지할 수 있었다. 또한 멀리 있는 사람들의 건강관리를 도와주기도 했다.

한 여름에 매미소리를 한꺼번에 잠재우다

나는 젊은 시절에 시간이 나면 가끔씩 낚시를 가서 고기도 잡고 주변의 좋은 경치를 구경하면서 즐기곤 했다. 어느날 청주의 명암저수지로 낚시를 갔을 때의 일이다. 명암 저수지는 내게 소중한 쉼터였다. 그 때는 지금과는 다르게 주변을 지나는 동부우회도로도 없어 조용하고 아름다웠다. 때는 한여름이어서 아름다운 자연환경으로 어울려진 저수지 주변은 매미소리로 가득했다.

　낚시를 하던 나는 장난을 쳐보기로 했다. 저수지 주변으로 기를 빠르게 몇 바퀴 돌렸다. 순간, 모든 매미소리가 멈췄고 다른 풀벌레 소리마저 사라져 저수지 주변이 고요하기만 했다. 그러더니 조금 있다가 한두 마리의 매미가 소리를 냈고 또 매미소리로 가득하다. 다시 한 번 저수지 주변에 기를 돌리니 다시 고요해졌다. 이렇듯이 의식으로 움직이는 기는 사람뿐만 아니라 다른 생명체에도 영향을 미친다. 아니, 의식이 미치는 어떤 것에도 영향을 미친다.

의식이 연결되어 일으키는 현상들

사람들 사이에는 의식이 서로 연결되어 있다. 정보가 교환된다는 말이다. 내가 저 사람을 어떻게 생각하느냐, 어떤 감정을 가지고 있느냐 등등 모든 정보들이 교환된다. 알게 모르게 사람들은 서로 간에 영향을 미치면서 살아가고 있다. 그 매개체를 기라고 해도 될 것이다. 의식의 연결에 의해서 일어나는 현상이다. 하지만 근본적으로는 나의 의식에 의해서 일어나는 현상이다.

덩치 큰 사람이 작은 사람을 들지 못하다.

선을 수련 할 때이다. 선을 가르치는 현기 선생님은 여러 가지 실험을 통해서 모든 것은 '자신이 하고 있음'을 경험하게 하여 스스로가 깨우치게 해주고 있었다. 어느 날 수련 중에 덩치가 가장 큰 사람과 가장 작은 사람을 앞으로 나오게 했다. 그리고 덩치가 큰 사람에게 작은 사람을 들어 올려 보라고 했다. 당연히 쉽게 들어 올렸다. 그 후에 덩치가 작은 사람의 귀에 대고 무언가 속삭였다. 그러고 나서 덩치 큰 사람에게 다시 한 번 들어보라고 했다. 어쩐 일인지 이번에는 들지 못한다. 사람들이 의아해 했다. 그 뒤에 선생님은 덩치가 큰 사람의 귀에 대고 무언가 속삭였다. 그런 다음 다시 한 번 작은 사람을 들어보라고 했다. 이번에는 쉽게 들어올린다.

어떤 이치로 그렇게 되는지 모두 궁금해 하고 있었는데, 선생님이 "처음에 덩치가 작은 사람에게 무슨 말을 했겠느냐?"고 사람들에게 물으니 모두 나름대로 추측을 하면서 웅성거린다. 선생님은 덩치가 작은 사람에게 "지구 중심까지 뿌리를 콱 박고 서 있어라"고 말했다는 것이다. 지구의 중심으로 뿌리를 박고 있는 사람을 어떻게 들 수 있겠느냐는 말이다. 다시 묻기를, 그러면 나중에 덩치 큰 사람에게 무어라고 했겠느냐고 했다. 모두들 대충은 감을 잡았다. 덩치 큰 사람에게 지구 중심에 박힌 그 사람의 뿌리까지 뽑는다는 생각으로 들어 올리라고 했다는 것이다.

이렇게 한 사람의 의식은 다른 사람의 의식에 서로 연결되어 영향을 준다. 우리가 사는 세상은 이렇게 서로가 서로에게 의식으로 영향을 주고받으며 살아간다. 의식이 세상을 움직이고 있는 것이다.

고정관념(잠재의식)이 일으키는 현상들

고 정관념이란 내부의식 곧 잠재의식을 이야기한다. 경험은 잠재의식에 입력되어 고정관념을 형성한다. 우리는 잠재의식을 기초로 해서 삶을 영위해간다. 잠재의식은 몸과 마음에 영향을 미치는 것뿐만 아니라 주변 상황에도 영향을 미친다. 잠재의식에 의해서 일어나는 현상들을 살펴보자.

가짜 쥐약을 먹고 죽음까지 갔다가 돌아오다

어느 주부가 저녁 늦게 약국으로 들어와서는 약사에게 "쥐가 많아 약을 놓으려고 하니 쥐약을 좀 주세요."했다. 약사가 그녀를 보니 안색이 어두웠고 얼굴엔 멍 자국도 있었다. 약사는 그녀가 부부싸움을 하고는 쥐약을 먹고 죽으려고 하는 것이라고 판단하여 약병에 흔히들 먹는 영양제를 담아서 주었다. 그런데 얼마 지나지 않아 구급차가 동네로 들이닥쳐 그 주부를 싣고 떠났다. 그 후 남편이 약국에 찾아와서 무슨 약을 주었느냐고 물어 사실대로 얘기해 주었다. 하지만, 그 주부는 입에 거품을 물고 쥐약을 먹었을 때와 똑 같은 반응을 일으키며 실신하였고, 병원으로 실려 가서 가까스로 목숨을 건졌다는 것이다.

우리의 정신은 마음먹은 대로 반응한다. '그렇다'고 강력하게 믿으면 매개물과 상관없이 잠재의식에 새겨진 대로 똑 같은 반응을 일으킨다. 쥐약을 먹지 않았어도 약을 먹었다는 강력한 믿음으로 죽음 근처까지 갔던 것이다. 이렇듯이 우리 몸은 잠재의식에 의해 형성된 믿음대로 움직이게 된다. 아마도 이 주부에게 먹은 것이 쥐약이 아니고 영양제였다고 말해 주었다면 더 빨리 일어나지 않았을까?

가짜 상처로 죽음에 이르게 하다 (외국 사례)

인간의 의식이 심신에 끼치는 영향을 실험한 예다. 한 사형수에게 손목의 동맥을 끊는 방법으로 사형 시킨다고 말하고는, 눈을 가리고 예리한 물건으로 손목을 자극한 후 따뜻한 액체를 서서히 손목에 떨어뜨려 흘러내리도록 하였다. 사형수는 바로 극렬한 반응을 보이기 시작하더니 얼마 지나지 않아서 죽음에 이르렀다.

이 사형수는 손목의 동맥을 끊어 피가 흐르고 있다고 온전히 믿어 의심치 않았다. 자신의 상상 속에서 피가 서서히 몸에서 빠져나가면서 죽어가고 있다고 믿었기 때문에 실제로 몸이 그렇게 반응하여 죽음에까지 이른 것이다. 이렇듯 믿음과 상상(영상을 동반한다)은 그대로 현상을 일으킨다. 잠재의식의 힘이 죽음에까지 이르게 한 단적인 예이다.

뜨겁지 않은 동전에 화상을 입다 (외국 사례)

최면 실험 중에 있었던 일이다. 최면 시술자가 피 최면 자에게 최면을 유도한 후 "지금 저는 동전을 하나 가지고 있습니다. 이제 동전을 불에 벌겋게 달구겠습니다. 아주 벌겋게 달았군요. 이제 동전을 당신의 팔위에 올려놓겠습니다." 하고 암시를 주고는 전혀 불에 달구지 않은 동전 하나를 그의 팔위에 올려놓았다.

그 후 어떤 일이 일어났을까? 피 최면 자는 깜짝 놀라 팔을 뿌리쳤고, 조금 있으니 동전을 올려놓았던 자리의 피부가 동전 크기로 벌겋게 변했으며, 조금 더 있으니 수포가 생기기 시작했다. 그는 2도의 화상을 입은 것이다. 뜨겁지 않은 동전이 과연 몸에 화상을 입힐 수 있는 것인가?

우리의 몸은 의식 안에서 움직인다. 최면 상태에서 동전이

빨갛게 달은 것으로 인식하고, 잠재의식이 작용하여 실제로 동전에 덴 것처럼 몸이 반응한 것이다. 주변의 모든 것은 하나의 매개체에 불과하다. 우리가 의식한 것을 실현하는 매개체에 불과한 것이다. 내가 어떤 일을 일으킬 때에 주변 상황은 그것에 대응하는 상황으로 변한다. 주변 상황으로 인하여 내가 변하는 것이 아니라, 나의 의도에 따라 주변 상황들이 변하는 것이다.

만약 나의 의도가 성공이라면 성공에 필요한 대로 주변 상황은 변한다. 반대로 나의 의도가 실패라면 그에 따라 상황이 바뀌게 된다. 주변 상황으로 인하여 성공이나 실패를 하는 것이 아니고, 성공하거나 실패하고자 하는 본인의 의도대로 상황이 변하는 것이다. 본인의 믿음대로 일은 일어나기 때문이다. 주변 상황이 모두 실패하는 상황인데 성공하는 것은 스스로도 믿을 수 없는 것이기 때문에 의도한 대로 주변이 그런 상황으로 변하는 것이다. 모든 것은 이렇게 동전의 앞면과 뒷면처럼 잠재의식에 새겨진 믿음대로 일이 일어나게 된다.

의지(현재의식)가 일으키는 현상들

의지(현재의식)가 커지면 커질수록 잠재의식(기존에 형성된 고정관념)의 영향이 작아진다. 그러므로 의지가 발현되어 기적과도 같은 일들이 일어나는 것을 볼 수 있다. 평상시 우리의 삶은 잠재의식의 영향을 받다가도 열망이 강하거나 다급한 일이 있을 때에는 의지가 더 크게 작용하면서 기적 같은 현상들이 일어난다. 하지만 기적이라고 하는 것은 우리의 잠재의식의 틀을 조금 넘어선 현상들로서 언제 어디서나 일어날 수 있는 일이다.

관절염을 딛고 일어서다. (세상에 이런 일이에서)

40대 후반의 어떤 주부가 관절염이 심하여 앉은뱅이 신세가 되었다. 집 안에서만 생활하는데, 다리를 펴지도 못 한

채 책상다리를 하고 손으로 바닥을 짚고 이 방에서 저 방으로 움직여야만 했다. 이 주부는 절망의 나날을 보내다가 문득, 남은 인생을 이렇게 살아갈 수 없다는 생각이 들어 반드시 일어나고야 말겠다고 결심하였다. 일어나려고 하다가 엎어지고 넘어지기를 수 없이 반복하는 가운데 조금씩 일어나게 되고, 시간이 지나면서 한 발짝 두 발짝씩 걷게 되었는데, 얼마 되지 않아 걸을 수 있게 되었고 지금은 80이 넘은 나이에 뛰기까지 한다.

잠재의식에 심어진 것은 바꾸기가 힘들다. 하지만 될 수 있다는 믿음과 군건한 의지를 가지면 안 될 일이 있을까? 중국에 '우공이산愚公移山'이라는 이야기가 있다. 우공이라는 노인이 집 앞에 산이 있어서 외지로 드나들기 어려워 산을 파서 옮기기로 했다. 주변 사람들이 모두 비웃었으나, 그 노인은 "나는 늙었지만 내 자손들은 더 많아지고, 산은 옮기면 옮길수록 더 작아진다."고 하면서 의지를 부려 끝내 산을 옮겼다는 이야기다. 하고자 해서 안 되는 일은 없다. 중도에 포기하니 되지 않는 것이다. 큰 교훈을 주는 이야기다.

아파트에서 떨어지는 딸을 받아내다. (외국 사례)

아파트에 살고 있는 주부가 슈퍼마켓에 갔다가 돌아오는 길에 보니 딸이 아파트 고층의 집 베란다에서 손을 흔들며 엄마를 부르고 있었다. 그런데 딸이 엄마를 부르다가 몸을 베란다 밖으로 너무 많이 내밀어 추락하고 말았다. 함께 손을 흔들다가 딸이 떨어지는 모습을 보게 된 엄마는 그 순간 달려가 딸을 받아냈다. 딸은 상처를 입지 않았고 엄마는 골반 뼈가 부러졌다고 한다. 목격자들의 증언에 의하면 그 주부가 순간적으로 날듯이 뛰었다는 것이다. 전문가들이 딸이 떨어지기 시작했을 때 엄마가 뛰기 시작한 지점의 거리와 시간을 재서 추정하여 본 결과, 백 미터를 5.5초의 속력으로 달렸다는 결론에 도달했다.

이런 일이 어떻게 가능한 것일까? 그 순간 엄마에게는 빨리 달릴 수 있는가 없는가는 뇌리에 있지 않다. 단지 딸을 받아내야 한다는 의식뿐이다. 우리는 잠재의식의 지배를 받게 되어 있다. 어떤 일을 시작할 때 이것이 될 수 있는가 없는가를 따진다. 그것은 단지 자신의 경험에 의한 잣대일 뿐이다. 현재의식이 강할 때 잠재의식에 의한 척도는 영향이 줄어들고, 단지 그 순간 해내야 한다는 의지만이 작용할 뿐이다. 이렇게 되면 의식이 일방통행을 하면서 반사작용이 사라지고 단지 일을 이루는 쪽으로만 작용하게 된다.

그랜드피아노를 혼자서 들고 나오다. (외국 사례)
힘들게 개척교회를 운영하여 오던 어떤 목사가 간신히 돈을 모아서 그랜드피아노를 한 대 샀다. 형편이 어려운 가운데 구매한 피아노를 애지중지하면서 보물처럼 여기며 지내던 어느 날이었다. 밖에서 돌아와 보니 교회에 불이 나고 있었다. 소방대원의 저지에도 불구하고 그는 교회 안으로 들어갔는데, 조금 있다가 보니 혼자서 그랜드피아노를 짊어지고 나오는 것이었다. 사람들이 놀라지 않을 수 없었다.

그는 과연 그랜드피아노를 지고 나올 수 있을 것이라고 생각했을까? 그에게는 그랜드 피아노를 들 수 있을지 없을지에 대한 생각은 없다. 단지, 고생하면서 마련한 교회의 유일한 재산인 피아노를 들고 나가야 된다는 생각밖에 없다. 이것이 가능하게 만드는 것이다. 육체를 잊어버리고 의지만이 작용한 예다. 의지만 있으면 된다. 의지가 없을 뿐이다. 한계라는 것은 단지 경험에 의한 잠재의식의 잣대에 불과하다. 무언가를 간절히 하고자 하면 그 일을 이루는 쪽으로 모든 것이 작용하고 잠재의식에 새겨진 한계는 크게 영향을 주지 못한다.

마음이 일으키는 현상들

마음은 잠재의식과 현재의식이 지속적으로 서로 영향
을 주면서 현재 자신의 입장에서 최선의 해결책을
찾는다. 여기서 최선이라는 것은 '가장 좋은' 방법만을 뜻하
지는 않는다. 잠재의식에 걸리는 부분을 피해가며 그 방법을
찾는 것이다. 그것이 위험한 방법일 수도 있다. 또한 마음은
장기적으로나 순간적으로 수시로 변하면서 에너지를 발휘하
여 현상을 일으키는 실체이다. 마음이 일으키는 현상들을 살
펴보자.

쉬고 싶다는 열망이 교통사고를 내다

나는 20대에 체육단체에 근무했는데, 한 해의 사업계획과
예산을 편성하느라고 매일 늦은 시간까지 혼자서 야근을 해

야 했다. 그러던 어느 날 저녁에 친구가 직장으로 찾아 와서 승용차를 샀으니 시승식을 하자는 것이다. 사무실 냉장고에 있는 맥주를 한 잔 따라 놓고 간단히 고사를 지냈다. 그리고 청주를 떠나 음성을 거쳐 광혜원을 들러 다시 청주로 돌아 오는 일정을 잡고 길을 나섰다. 그런데 광혜원에서 진천으로 들어서는 사거리에서 교통사고가 났다.

진천 가까운 곳까지 와서 뒷자리에 앉아 있던 나는, 앞에 앉은 친구들이 이야기하는 소리를 꿈결처럼 들으며 피곤한 몸을 뒷좌석에 뉘였다. 잠깐 사이에 커다란 충격으로 눈을 떠보니, 내가 누워있던 시트가 앞으로 기울어 있고 뒤쪽으로 부터 커다란 트럭의 앞부분이 들어와 있었다. 나는 앞으로 넘어 온 시트 바닥에 누워 있었던 것이다. 사람들은 모두 뒷 좌석의 사람은 살아있지 못할 것이라고 생각했다고 한다.

뒷문을 뜯어냈을 때 나가 보니 그야말로 골리앗 같은 25 톤 카고 트럭이 작은 르망 승용차의 뒷부분을 사정없이 부 수고 물고 있는 형상이었다. 구급차로 병원에 옮겨져 3개의 병원에서 약 4주 간 입원하였다. 늑골의 연골 파열, 쇄골 골 절 및 1번 흉추 탈골이란 상처를 치료하기 위하여 퇴원 후 에도 한동안 보조기를 착용해야 했고 통원치료를 했다.

그 당시에는 단지 운이 없어서 교통사고를 당했다고 생각 했다. 그 후, 선을 수련하면서 그것은 내가 만들어 낸 것이라고 확신하게 되었다. 사고를 당할 당시에 나는 매일 야근을 해야 했고, 피곤하여 '어떻게든 쉬고 싶다'는 마음이 간절하였다. '잘 쉬어야겠다.'는 것이 아니고 '어떻게든' 쉬고 싶다는 마음이 절실했던 것이다. 그 결과 교통사고라는 상황을 만들어 한 달 가까이 쉬었던 것이다. 그냥 쉬겠다고 하면 될 수 없는 일이지만 아파서 병원에 있다면 상황이 달라진다.

억지로 관련지었다고 생각할 수 있겠지만 이런 예들은 수도 없이 많다. 아마 이 글을 읽는 독자 중에도 기억을 거슬러 생각해보면 우연히 어떤 일이 생겨서 내가 원하던 일이 이루어졌던 경험이 있을 것이다. 그러기에 마음을 잘 먹어야 한다. '이것만 된다면 어떻게 돼도 좋다'라는 식으로 마음을 먹는다면 좋지 않은 일이 발생할 수도 있기 때문이다. 일을 이루기 위해서 능동적으로 좋은 방법을 찾아야 할 것이다. 이것을 이루기 위해서 저것을 희생하는 그런 보상심리는 버리는 것이 좋다.

직장을 옮기기 위해 병을 일으키다

한 주부가 다니던 직장을 그만두고 여러 가지 조건이 좋은 다른 직장으로 옮기려고 했다. 하지만 잘 다니고 있던 직장에 그만두겠다는 말을 하는 것이 어려웠다. 어떻게 이야기할까 고민하면서 시간만 갔다. 직장을 옮길 시간은 다가오지만 차마 말을 할 수 없었는데 어느 날 병이 났다. 몸이 아파

병원에 다녀야했고 치료를 이유로 어렵지 않게 다니던 직장을 그만둘 수 있었다. 그로 인하여 가기로 했던 직장으로 기한을 맞추어 순조롭게 출근하게 되었다고 한다.

이 주부는 그 당시에는 자신이 스스로 병을 일으킨 줄 몰랐다. 하지만 나와 함께 이야기 하면서 자신이 병을 일으켰었음을 확신하게 되었다. 그녀도 그 때 무슨 힘이 작용한 것 같다는 생각이 들었었다는 것이다. 하지만 오랜 시간이 지나고 나서 그런 생각이 맞을 것 같다는 확신을 가진 것이다.

사람들은 병이 나거나 어떤 사건이 벌어져도 그 원인을 알지 못한다. 자신의 필요에 의해서 일으키고 있다고 생각하기 힘들다. 우리는 표면만을 보고 이면에서 작용하는 이치를 보지 못하기 때문이다. 아이들이 학교에 가기 싫을 때 병을 일으키거나, 어른들도 어떤 모임에 가기 싫을 때 아파서 병원에 가거나, 갑자기 다른 일이 생겨서 안 가게 되는 경우가 생기곤 한다. 이 모두는 마음이 영향을 미쳐서 상황을 만들어 내는 예라고 할 수 있다. 단지 내가 내 몸을 아프게 하는 것뿐만 아니라 원하는 일을 이루기 위해서 주변상황이 갑자기 변하기도 한다.

등단하려고 마음먹으니 오래도록 연락이 없던 발행인에게서 전화가 오다

수필가였던 나는 시詩에 관심을 가지고 시 창작에 몰두하

였다. 그 후, 등단을 하겠다고 마음먹었다. 내 목적은 시인으로 등단하는 것이었다. 등단 방법을 고민하던 나는, 나와 같은 문학회에서 활동하던 분이 운영하는 문예지를 통해 등단하는 것이 가장 좋겠다고 생각했다. 하지만 오랫동안 서로 연락을 하지 않고 서먹서먹하여 쉽게 연락을 하지 못하고 있었다. 그런데 그런 생각을 한지 단 며칠도 지나지 않아 1년 반 동안 서로 연락이 없었던 그 분에게서 전화가 왔다. 나에게 무언가 물어보기 위해 전화를 했던 것인데, "시를 좀 써놓은 것이 있는데 봐주시겠습니까?" 하고 물으니 보내보라는 것이다. 그는 관계자들과 시를 검토한 후, 등단해도 손색이 없다는 답을 보내왔고 심사위원의 심사를 거쳐서 최종적으로 등단이 결정되었다.

어쩌다가 일이 맞아 떨어진 것이라고 생각할 수도 있지만, 이런 비슷한 일들은 많은 사람들이 지금도 수 없이 경험하고 있는 일이다. 무언가를 하려고 마음먹었을 때 우연치 않게 일이 해결되는 경우들이다. 가장 중요한 것은 그렇게 하겠다고 분명히 마음먹는 것이다. 마음속으로 어떤 것이 '확실히' 결정되었을 때는 모든 상황이 그것이 이루어지는 쪽으로 변화된다.

옛 애인에게 연락이 오다

남편의 잦은 외도에 힘들어하고 있던 주부가 있었다. 남편은 다시는 하지 않겠다고 하고는 습관적으로 외도를 이어갔다. 그러던 어느 날, 다시 남편의 외도를 알게 되어 화가 난 그녀는 "나도 똑 같이 하겠다."고 마음먹었다. 그런데 바로 '그 날' 이십여 년 동안 소식도 모르고 지내던 옛 애인에게서 연락이 왔다. 가끔 어디서 어떻게 살고 있는지 궁금하기는 했었지만 막상 연락이 오니 어찌할 바를 몰랐다. 한두 번 더 연락을 주고받다가 이러면 안 되겠다 싶어 핑계를 대고 연락을 끊었다고 한다. 정말로 신기한 일이었다고 말한다. 어떤 이유로 그렇게 마음먹고 몇 시간도 되지 않아 오랫동안 소식을 몰랐던 사람이 기다렸다는 듯이 연락을 했는지 놀랍다는 것이다.

믿음(종교적 믿음 포함)이 일으키는 현상들

믿는 것은 곧 현실이 된다. 그것이 어떤 믿음이든 간에 우리가 믿는 것은 현실이 된다. 믿음의 크고 작음은 있겠지만 무엇을 믿든 그 믿음은 현실에서 경험되어진다. 그 중에는 종교적인 믿음도 포함된다. 종교적인 믿음은 절대자를 통한 믿음이기에 더욱 강력한 결과를 가져온다.

하혈하는 여인의 믿음 (성경에서)

열두 달 동안 하혈하던 여인이 있었다. 그 여인은 예수님이 눈 먼 이도 눈을 뜨게 하고 앉은뱅이도 걷게 하였으며 많은 병자를 낫게 하였다는 이야기를 듣고, 예수님에게 가면 병이 나을 것이라고 굳게 믿었다. 그리고 예수님이 지나갈 때 군중들 속에서 예수님의 옷자락을 잡았다. 그 순간 그녀는 하혈이

멈추는 것을 느꼈다. 이 때 이것을 안 예수님은 그녀에게 "네 믿음이 너를 살렸다."고 말한다. 이 말은 참으로 중요한 말이다. '내가 너를 살렸다'가 아니고 '네 믿음이 너를 살렸다'고 한 것이다. 또한, '겨자 씨 만 한 믿음이라도 있다면 저 산이 들려져 바다에 떨어져라 해도 그렇게 될 것이다'라고 하면서 믿음의 중요성을 설파한다.

예수님이 병을 고쳐주고자 하나 받아들이지 않으면 되지 않는다. 하지만 이 여인은 예수님의 옷자락이라도 잡으면 나을 것이라는 믿음을 가졌다. 이 믿음이 여인을 살린 것이다. '믿음이 부족해서 안 된 것이다.'라는 말은 틀린 말이 아니다. 우리는 어떤 것에 대한 이런 절실한 믿음이 필요하다. 믿음에 따라 움직이는 세상이니 말이다.

불타는 숯 위를 걸어가다 (외국 사례)

인도네시아에는 숯 위를 걷는 사람들이 있다. 일정한 의식 儀式을 치루고 나서 불이 타고 있는 숯 위를 걷고 뛰고 한다. 그렇게 해도 발바닥엔 아무런 상처도 입지 않는다. 과학이나 의학의 이론을 대입해 보면, 사람의 살결은 몇 도 이상 뜨거운 것에 데면 벌겋게 되고, 몇 도 이상이면 물집이 생기고, 몇 도 이상이면 타기 시작한다고 하는데 어떻게 이렇게 할 수 있는 것인가?

세상의 모든 것은 의식의 망網 속에 있다. 어느 것도 의식의 망에서 벗어나지 않는다. 의식이 인식하는 것은 모두 의식으로 조절할 수 있다. 불이 붙은 숯 위를 걸을 때 그들에게는 일반인들에게 미치는 심신의 제약이 영향을 미치지 못한다. 어떤 제약 사항이든 획일적으로 모든 상황에 대입할 수 없다. 의식의 힘을 모든 사람에게 똑 같이 적용할 수 없다. 확실히 개인적인 것이다. 왜냐하면 그 원인이 신체(물질)에 있지 않고 당사자의 의식에 있기 때문이다.

그들에게는 숯 위를 걸어도 아무렇지 않다는 의식이 잠재되어 있기 때문이다. 이런 잠재의식은 어떻게 형성되는 것인가? 그 해답은 여러 가지일 것이다. 그 중에 가장 크게 영향을 미치는 것은 종교적인 신념일 것이다. 한 인간이 할 수 없는 일을 전지전능한 신이 도와주면 가능해진다는 신념이다. 그런 신념이 잠재의식에 박히면 그들에게는 그렇게 작용한다. 그것이 신이든 그렇지 않든 내가 무언가를 믿으면 그대로 이루어진다.

무당들이 작두 위에서 춤을 춰도 아무런 상처를 입지 않는 것도 마찬가지다. 그들의 의식 상태에서는 그런 것쯤은 문제없다는 의식이 잠재되어 있기 때문이다. 그것은 훈련에 의해서 신념을 가졌을 수도 있고 종교적인 믿음에서 나온 것일 수도 있다. 중요한 것은 의식상태다. 위험하다는 의식이 자리하고 있다면 반드시 그 해를 입게 된다.

훈련에 의해 잠재의식을 장악하여
일어나는 현상들

각종 현상들은 잠재의식에 의해서 자연스럽게 일어난다. 또한 잠재의식과 현재의식의 끊임없는 조율에 의해서 상황은 변하게 된다. 다음은 의식훈련에 의해서 잠재의식을 변화시킴과 동시에 의지를 고양시켜 자신이 원하는 방향으로 상황을 변화시킨 예들이다.

이미지트레이닝을 한 그룹이 경기에서 이기다 (외국 사례)

의식의 힘(이미지트레이닝)이 운동경기에 미치는 영향을 알아보기 위한 연구의 한 사례이다. 비슷한 수준의 농구선수를 두 그룹으로 나누어 같은 기간 동안 훈련을 하도록 한 후 경기를 하게 하였다. 두 그룹 중에 한 그룹의 선수들은 주어진 시간을 모두 농구 훈련에 사용하게 하고, 한 그룹은 훈련 시간의 반은 실제로 훈련을 하게하고 나머지 반은 골을 던져 골인이 되는 모습을 지속적으로 떠올리는 이미지트레이닝을 하게 하였다. 훈련기간을 마치고 두 그룹이 경기를 하였는데 이미지트레이닝을 한 그룹이 이긴 결과를 낳았다.

일반적으로 몸으로 훈련을 많이 한 팀이 이길 것이라고 생각한다. 실제로 농구공을 바스켓에 넣는 훈련을 하면 많은 부분 기존의 잠재의식에 의해서 움직이게 된다. 그래서 기존에 가지고 있던 자신의 실력 내에서 훈련이 이루어진다. 하지만 지속적으로 바스켓에 공을 넣는 이미지를 잠재의식에 박아 넣으면, 실제로 잘 넣는 이미지가 나의 이미지가 되어 잠재의식이 변하면서 결과가 달라진다. 자신의 현재 모습을 바꾸고 싶다면 단지 이미지를 지속적으로 바꿔주기만 해도 된다.

신호위반 시 경찰의 선처를 받다

나는 급한 일로 차를 운전하며 목적지로 가고 있었다. 급한 마음에 적색 신호등이 켜지는 순간에 교차로에 진입하게 되었는데, "아차" 하는 순간 앞을 보니 경찰이 오라고 손짓을 한다. 경찰 앞으로 가는 도중에 속도를 줄이고 바로 마인드컨트롤의 '*삼지법'을 이용해 뇌파를 다운시키고 영상그리기를 하였다. 영상의 내용은 경찰이 웃으면서 공손히 인사를 하며 그냥 보내주는 것이었다.

경찰이 차로 다가와서는 운전면허증 제시를 요구한다. "죄송합니다. 급한 일이 있어서 실수를 하게 되었습니다."하면서 운전면허증을 건네주었다. 경찰 분이 "다음부터는 조심하세요."하면서 상냥한 얼굴로 인사까지 하면서 그냥 보내주었다. 내가 떠올린 영상이 그대로 실현된 것이다. 신호를 어긴 것은 잘 한 일이 아니다. 하지만 그 순간에는 벌금을 면하려고 정신 에너지를 사용하게 되었다. 부끄러운 일이었다.

* 삼지법 : 조건반사를 이용하여 손가락 세 개를 모으고 뇌파다운을 훈련하면, 손가락 세 개를 모을 때마다 뇌파가 다운되어 잠재의식에 문을 열게 된다. 이 때 암시나 영상 떠올리기를 이용하여 급히 이루고 싶은 일을 이루는 방법.

택시를 쉽게 잡다

예전에 급히 어디를 가려면 택시를 타는 일이 많았다. 택시를 탈 때면 대부분 마음이 급하게 되고 얼른 택시를 잡고자 하는 것이 모두의 마음이다. 하지만 내가 택시를 잡고자 한다고 해서 택시가 나만 기다려주지 않는다. 택시가 기다렸다가 내 앞으로 와준다면 얼마나 좋을까?

급하게 택시를 탈 때면 영상 떠올리기를 한다. 택시를 잡으러 나가면서 뇌파를 다운 시키고 택시를 잡는 영상을 떠올린다. 그러면 대부분 택시가 내 앞으로 와 준다. 그런데 앞쪽에 택시를 잡는 사람들이 많아도 내 앞에 와서 서는 것은 왜일까? 어떤 때는 택시의 색상까지 보인다. 의식은 상황을 만든다. 의식이 기를 움직이게 되고 기는 현상을 만드는 것이다.

성화대 밑에서 성화를 올려보다

1988년 서울올림픽 개막이 며칠 남지 않았을 때이다. 아래 지방에서부터 시작된 성화 봉송이 청주로 오는 날, 일생에 한 번 볼까말까 한 성화를 보기 위하여 나는 청주 실내체육관 앞으로 갔다. 도착이 늦었기에 이미 성화 봉송 자가 실내체육관 앞에 설치된 성화대에 불을 붙여놓았다. 성화대에 불이 타오르고 있지만 구경하는 사람이 너무 많아 멀리에서 바라보니 잘 보이지 않았다. 성화대를 중심으로 동그랗게 7~8미터 안으로는 경찰이 진을 치고 사람들이 들어오지 못하게 하고, 밖으로는 수를 셀 수 없이 많은 사람들이 운집하여 성화를 구경하고 있었다.

멀리서 성화를 볼 수밖에 없던 나는 "저 안에 들어가서 성화대 아래에서 성화를 보겠다."고 마음먹었다. 사람들의 틈으로 비집고 들어가면서 삼지법을 이용하여 뇌파를 다운시키고 '그 안에 들어가서 보고 있는 영상'을 그리면서 앞으로 나아갔다. 경찰이 있는 곳까지 가서는 영상을 잡아놓은 대로 아무 거리낌도 없이 안으로 들어갔다. 저지하는 사람 없이 성화대 아래서 약 5분 정도 성화를 바라보았다. 그러고는 다시 사람들이 운집해 있는 곳으로 나왔다. "이런 것도 되는구나." 하고 생각하니 머리까지 쭈뼛하게 섰다.

내 마음속에 '경찰에게 저지당하면 어떻게 하나' 하는 불안한 마음이 있었다면 그 안으로 못 들어갔을 것이고, 들어간다고 해도 저지를 당했을 것이다. 나는 거기에 들어가서 보겠다는 마음이 있었고 의식의 힘을 믿고 있었기에 아무런 거리낌도 없었던 것이다.

버스에서 내리는 시간을 알아맞히다

대학시절에 나는 집에 돌아 갈 때면 어디에서 버스를 타든 간에 뇌파를 다운시키고 버스에서 내리는 시간을 마음속에 그린다. 버스에서 내리면서 시계를 볼 때 내가 입력해 놓은 그 시간에 내리는 영상을 떠올리는 것이다. 그리고 버스를 타고 가서 정류장에 도착하여 내릴 때면 시계가 언제나 미리 떠올렸던 시간을 가리키고 있는 것이다.

버스는 빨리 갈 때도 있고 사람이 많을 때나 교통이 복잡하면 늦게 도착 할 때도 있다. 하지만, 내가 마음속에 그린 그 시간들은 몇 시 몇 분까지 정확하게 맞아떨어졌고 그것이 생활화 되었었다. 내 마음속에는 그 시간을 맞출 수 있다는 신념이 있었다. 그 당시에는 나에게 예지능력이 생긴 것이라고 생각했으나, 선을 수련하면서부터 그런 상황은 예측한 것이 아니라 내가 그 시간에 내리도록 스스로 상황을 만든 것이라고 확신하게 되었다. 모든 상황은 내가 만드는 것이니 말이다.

일반적으로 얘기하는 '일체유심조—體唯心造'는 모든 것은 마음이 만든다는 말이다. 이 말의 예를 흔히들 컵에 담긴 물에 비유한다. 컵 속의 물이 반이 남았을 때, 어떤 사람은 "반밖에 남지 않았네."라고 생각하고, 어떤 이는 "아직 반이나 남았네."라고 생각한다는 것이다. 모든 것은 마음에 따라 달라진다는 말이다. 이것도 좋은 예 중의 하나이지만, '일체유심조'의 원 뜻은 더 심오하다. 모든 일은 마음이 만들어낸다는 것이다. 일어난 일을 내가 어떻게 생각하느냐가 아니라 일어나는 그 일을 내 마음이 만든다는 것이다.

의식은 기운을 움직이고 그 기운은 주변의 상황에 영향을 준다. 의식은 훈련에 의해서 발달하게 되어 있다. 당신이 어떠한 상황들에 대해서 자신의 의지대로 상황을 만든다는 생각을 하고 자꾸 훈련하여 나가다 보면, 자신의 생각대로 상황이 전개되는 것을 수시로 경험하게 될 것이다.

땅속에서 살아 돌아온 요기

어떤 요기(남자 요가 수행자를 일컬음)는 관 속에 들어가 땅속에 묻히고 일 년 후에 나왔다고 한다. 이런 일이 어떻게 가능한 것인가? 우리의 몸을 움직여주는 근육에는 수의근과 불수의근이 있다. 수의근이라 하면 의도하여 조절할 수 있는 근육이고, 불수의근은 내가 의도하지 않아도 그냥 움직이며 내 의도에 의해 움직일 수 없는 근육이다. 손 발 등의 움직임은 내가 의도하여 움직일 수 있다. 하지만 내장기관은 내 의도와는 상관없이 움직이고 또한 내가 의도한다고 해서 움직임을 멈출 수 있는 근육들이 아니다.

내장기관은 호흡기관을 제외하고는 모두 불수의근으로 스스로 의도하여 움직임을 조절할 수 없는 근육들이다. 하지만 요기들은 자신의 내장기관이나 혈관 등을 자유자재로 조절할 수 있어, 맥박 수나 호흡수를 몇 분에 한 번으로 또는 몇 시간에 한 번으로 줄일 수 있다고 한다. 이는 부단한 수련을 통해 가능한 것이다.

우리 티베트 사부님은 호흡과 맥박이 없는 죽음의 상태에서 몇 시간을 있다가 다시 깨어나기도 한다. 과연 이것이 가능한 것인가? 일반인의 입장에서 본다면 불가능한 일일 것이다. 하지만 모든 것은 의식에 의해 조절할 수 있다. 혹시 이것이 훈련에 의해 가능한 것이라고 해도, 훈련이라는 것은 곧 의식을 깨나가는 과정이다.

삼매 (나의 수련 경험)

좌선(앉은 수련자세)이나 와선(누운 수련자세)의 상태에서 몸을 편안히 하고 마음을 편안히 한 상태에서 코끝에 의식을 두고 들숨과 날숨에 의식을 두면, 처음에는 수시로 몸에 의식이 가고 호흡이 짧은 상태를 느끼게 된다. 조금 있으면 어느덧 호흡으로 집중되어 편한 호흡이 코로부터 복부로 자연스럽게 들어갔다 나가는 것을 확연히 느끼게 된다.(이 때는 몸을 잘 인식하지 못한다.) 또 어느덧 호흡이 위 아래로 기차 화통에 오르내리듯 아주 순조로운데, 이때는 몸을 전혀 느끼지 못하고 단지 호흡만이 남아 있다. 또 어느덧 호흡은 없어지고 밝은 의식상태가 지속된다. 몸도 호흡도 생각도 없는 밝은 의식상태가 지속되는 것이다.

이 상태에서는 세상에 아무것도 없다. 단지 의식 하나만이 빛처럼 밝게 깨어있게 된다. 그렇게 오랜 시간이 지나다보면 생각의 한 조각이 어디서 들어오는지 모르게 들어온다. 그러다가 또 생각 없는 밝은 상태가 지속된다. 다시 생각의 조각이 들어와 그만 나가겠다고 생각이 들면, 서서히 마치 투명인간의 모습이 다시 원상태로 돌아오듯이 몸을 인식하게 되고 나임을 느끼게 된다. 이렇게 명상에서 나오는 것이다.

이런 상태가 지속되다보면 일상생활 중에도 생각이 없어지는 명상상태를 맞이하게 된다. 그런 시간이 몇 시간씩 지속되기도 한다. 생각이 없이 고요하게 생활하는 것이다. 누구와 이야기할 때도 어떤 일을 할 때도 이렇게 생각 없는 고요한 상태에서 생활을 할 수 있게 된다.

명상이 깊지 않은 상태에서 명상을 마치면 다리가 저리다. 하지만, 명상이 깊게 들어가면 몇 시간의 명상을 막 끝냈더라도 전혀 다리가 저리지 않고 바로 일어나 걸어 다녀도 아무렇지 않다. 이로써 보아도 내 생각이 개입되면 일상적인 상태(다리 저림)가 되지만, 명상에 깊이 들어가면 어떠한 생각의 개입도 없어지므로 잠재의식을 발동시키지 않아, 다리가 저릴 것이라는 생각조차 없기 때문에 몇 시간을 가부좌로 있어도 다리가 저리지 않는 것이다.

접시를 바라보는 시각명상을 하면 또 이런 명상 상태로 순간적으로 빠르게 들어가게 된다. 접시를 앞에 놓고 접시의 테두리를 한 번에 동시에 바라본다. 동그란 접시의 테두리를 한 번에 동시에 바라본다는 것은 쉬운 일이 아니다. 생각으로 할 수 있는 것이 아니다. 그러기에 생각이 물러나고 단지 바라보는 의식만이 남는다. 그때 명상상태로 들어가게 된다. 나는 이 방법도 많이 사용하였다. 명상의 방법이 모두 이렇게 짜여있다. 생각으로는 할 수 없는 것이기에 생각이 자연스럽게 물러나는 것이다.

명상 상태도 습관이다. 명상으로 자주 들어가면 시간이 갈수록 더욱 빠르게 명상에 들어가게 된다. 그리하여 나중에는 어떤 명상방법을 이용하든 간에 습관 된 의식 상태로 쉽고 편하게 들어가게 된다.

PART 3

현상을 만드는 이치

어떤 현상이 있기 위해서는 그 이면에 이치가 있다. 우리
가 당면하고 있는 현재는 어떻게 엮어져 가고 있으며 그것
은 어떤 이치로 변하는지 알아보자.

꿈
당신은 현실이라는 꿈을 꾸고 있다

당신은 지금 꿈을 꾸고 있다

우리는 꿈을 꾼다. 꿈을 꿀 때는 그 순간이 현실이다. 지금 이 순간에도 당신은 꿈을 꾸고 있다.

「장자」에 나오는 '호접몽' 이야기를 들어 보았는가? 하루는 장자가 꿈을 꾸니 꿈속에서 그는 나비였다. 너무도 즐겁게 훨훨 날고 있었다. 하지만 잠에서 깨어보니 그는 다름 아닌 장자였다. 꿈속에서는 분명히 나비였는데 꿈에서 깨어보니 장자였던 것이다. 장자는 말한다. "장자가 나비가 된 꿈을 꾼 것인가? 나비가 꿈속에서 장자가 된 것인가?"

꿈을 꾸는 그 순간은 꿈이 현실이다. 지금 이 순간이 꿈이 아니라고 누가 단정할 것인가? 그렇다면 꿈속에 있는 이는 누구이며 꿈을 꾸고 있는 이는 누구인가?

꿈이란 잠재의식에 의한 생각의 연장이다. 생각이라는 것
은 영상을 동반한다. 꿈속에서 잠재의식이 일으키는 생각들
이 영상으로 펼쳐지는 것이다. 그와 마찬가지로 현실도 잠재
의식 속에서 일어나는 영상과 같다. 현실은 영상만 동반하는
것이 아니라 만져지고 감각되어진다. 만져지고 감각되어지는
것은 꿈속에서도 마찬가지다. 당신이 꿈속에서 다쳤다면 피
가 나고 아프게 된다. 둘이 똑 같이 의식에서 일어나는 현상
들이다.

꿈을 꾸면 꿈속에서는 그것이 현실이지만 깨고 나면 깨어
있는 그 순간이 현실이다. 꿈속에서는 그 순간이 현실이라고
믿고 꿈속이라는 것을 알지 못한다. 하지만 분명히 꿈을 꾸
고 있으며 꿈을 꾸는 주체가 있다. 그 주체는 바로 당신이며
꿈속에 있는 이도 바로 당신이지 않는가? 현실의 꿈도 마찬
가지로 당신이 주체이다. 당신은 지금 잠재의식이 일으키는
현실이라는 꿈속에 있다. 현실이 꿈과 다른 것은 꿈속에서는
의지를 부릴 수 없지만, 현실은 의지를 부려 바꿀 수 있다는
사실이다.

당신의 꿈은 이 세상을 통하여 실현된다

당신이 어떤 마음을 먹고 있는지 어떻게 알 수 있을까?

그것은 당신과 당신이 처한 상황들을 보면 알 수 있다. 당신이 먹고 있는 마음은 현실을 통해서 실현되기 때문이다. 당신이 꿈을 가지고 있다면 그것을 실현할 수 있는 곳은 단지이 세상뿐이다. 그러므로 당신의 마음은 지금 이 순간에도 계속 현실에서 실현되고 있다. 지금 실현되고 있는 현실은 당신의 마음을 대변하기에 당신의 마음과 현실은 다르게 돌아가지 않는다.

당신의 마음과 현실은 표리를 이루고 있다. 이치는 현상으로 나타나기에 당신의 마음은 곧 당신에게 일어나는 일들을 통해서 실현되는 것이다. 당신의 감정을 숨기려고 해도 얼굴 또는 행동으로 나타나는 것과 마찬가지다. 한 나라의 경제 상황이나 한 가정의 경제 상황은 경제 현상으로 나타난다. 돈이 없는 가정에서 외식이나 쇼핑 등을 많이 할 수 없다. 돈 많은 가정은 그 만큼 돈의 씀씀이가 크다. 집에서 새는 바가지가 나가서도 샌다는 말이 있듯이 안에 있는 것은 밖으로 드러나게 되어 있다. 몸 안에 있는 병은 피부, 눈빛, 맥박 등을 통해 드러난다.

이와 같이 당신이 살고 있는 삶을 보면 당신의 마음을 알 수 있다. 세상은 당신의 마음을 거울처럼 현실에 비추어내고 있는 것이다. 당신은 당신의 마음을 실현하기 위해서 현실이라는 꿈을 만들어 내고 있다.

당신의 믿음은 주변 상황이 확인시켜준다

나와 주변 상황이 아무런 연관이 없다면 나의 상황과 주변의 상황이 전혀 상관없이 다르게 움직일 것이다. 하지만 당신은 주변 환경 속에서 살아가는 존재이다. 그러므로 당신과 주변 상황들이 긴밀한 관계에 있게 된다. 당신은 이 세상에 홀로 떨어져 살아가는 존재가 아니기 때문이다. 주변이 아무것도 없이 당신이 이 세상에 홀로 존재할 수 있는가? 그렇다면 당신이 무엇을 이룰 수 있겠는가? 이 세상과 당신은 하나로 이루어져 당신의 꿈을 이루고 꿈을 실현시키고 있다. 물질로서만 함께 존재하는 것이 아닌 의식 세계 속에서 함께 존재한다. 그러므로 당신이 하는 행동 하나하나가 모두 주변과 연결되어 있다.

당신이 어떤 일을 하려고 하는데 확신을 가지고 있다면 그 믿음을 어떻게 확인시켜 줄까? 주변에서 대부분 "그래 그거 될 것 같은데, 열심히 해봐", "너라면 꼭 할 수 있을 거야"라고 이야기 할 것이다. 그리고 그 일은 분명히 당신이 이룰 수 있는 일이며 이루어지게 된다. 상반되게 당신이 어떤 일에 확신이 없다면 주변에서 "그게 되겠니?", "어렵지 않을까?" 등등 부정적인 이야기를 하며 당신의 불 확신을 확인시켜 준다. 그리고 일도 잘 되지 않을 것이다.

어떤 일을 할 때 주변에서 부정적인 이야기들을 많이 한다면 당신의 마음을 되돌아봐야 할 것이다. 자신감이 없거나 부정적인 생각을 가지고 있지 않은지 말이다. 당신의 믿음은 당신 혼자서 가지고 있는 믿음이 아니라, 당신이 이 세상을 통하여 꿈을 실현하는 것이기에 그 믿음은 주변 환경을 통하여 증명 된다.

잠재의식
현실은 잠재의식에 의한 꿈이다

잠재의식이란?

잠재의식은 경험 등을 통해서 의식 속에 새겨진 기록으로 고정관념이라는 믿음을 형성한다. 어떤 믿음(고정관념)이 있다면 전혀 다른 경험을 하지 않는 한 그것을 진리로 인식한다. 그리고 그 잠재의식은 현실에 그대로 영향을 미친다. 바위 위에 크게 '잠재의식'이라는 글자를 깊이 파서 새겨 넣고 손으로 만져보면 울퉁불퉁하게 느껴진다. 이와 똑같이 잠재의식에 새겨진 것은 현실에 영향을 주게 된다.

예를 들어보자. 언젠가 녹색 자두를 먹었을 때 너무 시어서 얼굴을 찡그리며 뱉어버렸던 기억이 있다면, 녹색 자두는 신 것이라고 잠재의식에 박혀버린다. 그 이후엔 녹색 자두만 보면 침샘이 강하게 자극되면서 침이 고이고 신 느낌으로 몸서리가 쳐지는 경험을 하게 될 것이다. 그 후 그와 상반되게 녹색 자두를 먹었는데 아주 달고 맛있었다면 아마도 그 고정관념이 바뀔 수 있을 것이다.

이것은 단적인 예로서 다른 것들도 모두 이런 시스템에 의해서 잠재의식이라는 고정관념이 형성되는 것이다. 사람에 대해서도 마찬가지로 과거의 경험에 의거해서, '이렇게 생긴 사람은 이런 성격일 것이다', '저렇게 생긴 사람은 대부분 착한 사람이다', '나는 이런 사람이다' 등의 고정관념이 무의식 중에 자연스럽게 형성된다. 이렇게 세상 모든 것에 대하여 잠재의식에 의한 고정관념을 가지게 된다.

잠재의식은 사람마다 다르다. 같은 경험이라도 사람마다 가지고 있는 기존의 잠재의식이나 의지에 따라서 다르게 받아들인다. 사람, 사물 또는 각각의 상황에 대해서 경험하는 바를 달리 해석하여 받아들이기 때문이다. 그렇게 새겨진 잠재의식은 다시 현실에 그대로 영향을 준다. 사람들은 특히 충격적인 경험에 대해서 깊은 고정관념을 가지며, 때에 따라서는 그 고정관념이 점점 강해지게 되는데, 사고를 당하거나 몸에 이상이 생겼을 때의 정신적인 충격에 의해서 조금만 비슷한 느낌에서도 긴장이 고조되고 공황상태로까지 몰고 갈 수도 있다. 우리는 이렇게 잠재의식을 기초로 해서 현재를 살아가고 있다.

　잠재의식은 인간이 살아가면서 위험에 대처하는데 커다란 도움을 준다. 장미의 가시가 뾰족하고 아프다는 잠재의식이 형성되어 있지 않다면 수도 없이 찔리고 또 찔릴 것이다. 하지만 장미덩굴 옆에 가면 잠재의식이 발동되어 조심하게 되어 찔리지 않는 것이다. 잠재의식은 인간이 위험으로부터 생명을 보존하는데 그 역할이 아주 크다. 이런 이유로 잠재의식은 기쁨이나 즐거움보다는 충격적인 것들을 더 예민하게 새겨 넣는다. 우리가 삶을 살아가는데 아주 중요한 역할을 하는 것이다.

운명은 잠재의식 일 뿐이다

　잠재의식이란 과거의 경험이 의식 속에 깊이 뿌리박힌 고정관념이다. 이런 것들이 자연스럽게 지금을 만들고 미래를 만들어낸다. 그러므로 잠재의식에 의해서 형성되는 삶을 운명이라고 말할 수 있다. 불교에서 말하는 '업'이라는 것은 잠재의식을 말하는 것일 것이다. 과거의 행위에 의해서 현재가 만들어지기 때문이다.

　잠재의식은 전생(전생을 믿는 사람들에게는)의 경험이든 태아기 때부터의 경험이든 태어난 후부터의 경험이든 똑같이 기억되어진 것이 고정화된 의식이다. 당신의 좋은 경험에 의해서 형성된 잠재의식은 좋은 결과를 맺게 한다. 좋지 않은 경험에 의해서 형성된 잠재의식은 현재에 대부분 좋지 않은 결과를 맺게 한다. 이렇듯이 과거에 형성된 잠재의식에 의해서 자연스럽게 당신에게 일어나는 결과들을 운명이라고 할 수 있다. 더욱이 당신이 삶을 운명이라고 믿는다면 그것은 진실로 운명일 수밖에 없다.

운명은 바뀌지 않을까? 앞에서 말한 대로 운명이란 잠재의식에 의해서 자연스럽게 일어나는 것이기에 잠재의식을 바꾼다면 당연히 바뀌게 될 것이다. 당신이 원하는 삶을 살아가기 위해서는 잠재의식의 패턴을 바꾸거나 의지를 강하게 부리면 된다. 잠재의식과 현재의식 중에 영향이 더 큰 쪽으로 삶은 전개될 것이다. 잠재의식에 좋은 씨앗을 뿌린다면 당신은 행복한 미래를 맞이하게 된다. 그렇게 의지를 부려야 한다.

위약효과

우리에게는 잠재의식이 있어서 언제나 자연스럽게 그 영향을 받고 그대로 행동하게 된다. 무언가를 그렇다고 믿는다면 그것이 발현되어 그대로 이루어진다. 위약효과는 이런 잠재의식의 힘을 확연하게 드러내 준다. 우리의 의식 속에는 과거의 경험에 의해서 항상 기준이 서 있다. 그것이 곧 고정관념인 것이다. 그 고정관념은 실제로 현실에 그대로 반영된다.

환자들 중에 반수는 진짜 약을 주고 반수는 가짜 약을 주고 일정기간 동안 복용하게 한 후에 약의 효과를 확인하여 보면, 가짜 약을 복용한 부류에서도 진짜 약을 복용한 부류와 같은 치료효과가 나타난다. 이것으로 보면 약이 중요한 것이 아니라 마음이 중요함을 알 수 있다. 이 약을 먹으면 이런 효과를 낼 것이라고 하는 잠재의식이 몸에 영향을 미치는 것이다.

이런 실험도 있다. 사람들을 두 그룹으로 나누고 한 그룹은 카페인이 들어있는 커피를 마시게 하고 다른 한 그룹은 카페인을 완전히 제거한 커피를 마시게 했을 때, 두 그룹이 비슷하게 불면을 호소했다는 것이다. 카페인이 들어있다고 굳게 믿으면 몸은 그대로 반응하게 된다. 이는 확실히 모든 것은 내 믿음에 따라 달라진다는 것을 증명하는 것이다. 당신의 미래나 현재도 마찬가지로 당신의 믿음대로 경험하게 된다. 그 믿음은 잠재의식에 새겨진 믿음이다.

잠재의식을 변화시키는 데는 큰 에너지가 필요하다

잠재의식(고정관념)을 바꾸는 일은 쉽지 않다. 생각으로 바꾸기도, 경험으로 바꾸기도 쉽지 않다. 만약 당신이 고정관넘을 바꾸고자 한다면 강한 의지를 가져야만 될 것이다. 젊은 시절에 나는 쿵푸도장에서 운동을 하다가 도끼(칼날이 한쪽에만 있는 큰 칼)에 무릎을 찔려 일주일 정도 병원에 입원했던 적이 있었다. 엑스레이를 찍어보니 칼끝이 뼈까지 뚫고 들어간 상태였다. 일주일 동안 다량의 항생제를 투여 받으며 치료를 한 후 2개월 뒤에 다시 도장에 나갔을 때, 병기兵機들을 바라보면 두려움으로 살이 떨려왔다. 하지만 어느 정도 시간이 흐른 뒤에는 다시 병기를 잡을 수 있었다.

이렇게 좋지 않은 강력한 경험은 잠재의식에 뿌리를 박고 정신적으로 육체적으로 부정적인 반응을 일으킨다. 이런 잠재의식을 바꾸는 데는 아주 큰 에너지가 필요하다. 그 에너지는 바로 당신의 의지다. 나는 잠재의식을 이겨내기 위해서 이런 방법을 쓴다. 내 생각이나 감정과는 상반되는 행동을 하는 것이다. 어떤 일을 하려고 할 때 하기가 싫다면 잠재의식이 발동하는 것이다. 그럴 때 생각 없이 바로 행동으로 해버리는 것이다. 해야 한다고 하는 것은 내 의지인데 망설이면서 하지 않는 것은 잠재의식에 의해서 나오는 행동인 것이다. 그럴 때 아무생각 없이 행동으로 옮겨버리면 바로 잠재의식을 깰 수 있다.

행동은 생각보다 한 단계 위에 있다. 생각만 해서는 아무것도 되지 않는다. 한 번 행한 것이 진짜이다. 마음으로는 하겠다고 아무리 다짐해도 하지 않으면 아무 것도 이룰 수 없다. 하지만 생각 없이 행동을 해버리면 그대로 결과가 맺어지게 된다. 의지가 강할수록 잠재의식을 빠르게 바꿀 수 있지만, 거기로부터 그냥 돌아서 버리면 더 간단하게 잠재의식을 바꿀 수 있는 것이다. 또한 정신적 기법을 사용하여도 쉽게 잠재의식을 변화시킬 수 있다.

'생각난다'와 '생각한다'

생각이 난다(의도하지 않았는데)는 것은 잠재의식에 의해서 나오는 것이고, 생각한다(의도적으로)는 것은 현재의 의지를 가지고 능동적으로 생각하는 것이다. 일반인들 대부분의 삶이 전자와 같이 의도하지 않아도 생각이 꼬리에 꼬리를 물고 생겨나며, 그에 따라 내가 원하지 않는 방향(지금의 내 의지가 원하지 않는 방향)으로 몸을 가져가기 쉽다. 이것이 잠재의식 안에서 잠들어 있는 상태이다. 그렇다면 생각을 한다는 것은 무엇인가? 이것은 내 의지대로 생각하는 것이다. 잠재의식에서 조금 물러 나와서 의지를 부리고 있는 상태다. 이것은 수동적이 아니라 능동적인 상태이며 깨어서 행동하고 있는 것이다. 의지가 잠재의식을 이겨내는 것으로, 이러면 변화가 온다.

잠재의식과 현재의식이 작용하는 비율은 상호작용을 하며

커졌다 작아졌다가 한다. 잠재의식이 많이 작용하면 현재의
식에 의한 의지가 줄어들고, 현재의식이 강하게 작용하면 잠
재의식의 비율이 줄어들게 된다. 이것은 잠재의식과 현재의
식이 서로 상반될 때 이야기다. 좋은 잠재의식에 의해서 나
오는 행동은 의지와 합해진다. 좋지 않은 잠재의식에 의해서
나오는 행동은 의지와 충돌한다. 좋지 않은 잠재의식은 좋지
않은 결과를 가져오기에, 이럴 때는 잠재의식을 바꾸는 것과
의지를 강하게 부리는 것을 병행하면 좋다.

경험은 강력한 최면이다. 그대로 잠재의식에 박힌다

가장 강력한 최면은 경험이다. 최면 상태에서 암시를 주거
나 영상을 떠올리게 되면 실제라고 믿게 된다. 하지만 경험
보다 강력할 수는 없다. 하나의 경험은 오감을 동원하여 강
력하게 최면에 빠지는 효과를 내기 때문이다. 우리는 실로
최면 속에서 살아간다. 우리가 경험하는 것, 생각하는 것들
은 모두 최면의 암시처럼 잠재의식에 깊이 박히는데, 그런
일들을 자주 겪을수록 더욱 강하게 고정관념을 형성한다. 그
리고 무의식적으로 잠재의식을 현실로 펼쳐낸다. 그리하여
우리는 최면 속에서 살아간다고 말할 수 있다. 다시 말하면
고정관념 속에서 살아간다.

최면상태는 당신의 잠재의식에 문을 여는 행위이다. 내가

좋은 경험만을 할 수는 없다. 경험과 최면은 둘 다 똑 같이 의식에 새겨지기에 최면상태에서도 경험을 만들어 낼 수 있다. 잠재의식을 바꾸는데 최면을 이용하면 바꾸기가 쉬운데 여러 번 할수록 빠르게 바꿀 수 있다. 과거의 부정적인 경험에 의해서 형성된 좋지 않은 잠재의식이 현실에 안 좋은 영향을 주지만, 잠재의식을 바꿔주면 현실이 긍정적으로 변하게 된다.

두뇌는 실제와 상상을 구분하지 못 한다.
그대로 잠재의식에 박힌다.

실제와 상상은 어떻게 다른가? 실제는 현실에서 일어나는 일이고 상상은 머릿속에서 일어나는 일이다. 그렇다면 두뇌는 이 둘을 어떻게 받아들일까? 실제로 일어난 일은 경험한 후에 기억에 저장된다. 상상은 어떨까? 상상한 것도 마찬가지로 상상이라는 경험을 통해서 기억으로 저장된다. 특히 여러 번 골똘히 상상한 것은 기억 속에 깊이 새겨지게 된다. 이 기억이 모두 잠재의식을 형성하게 된다.

우리의 상상력은 단지 영상으로만 상상하는 것이 아니다. 상상하면서 오감도 함께 작용하게 된다. 당신이 직접 당한 일은 아니지만 누구에게 무서운 이야기를 들었을 때, 당신은 그것을 상상하게 되고 몸이 오싹한 적이 있었을 것이다. 또한 누군가 날카로운 물건에 다쳤다는 이야기를 들었을 때, 그 날카로운 물건에 내가 다친 것 같이 그 느낌 이 느껴지면서 두려운 마음이 들기도 한다. 실제로 내가 당하지 않았지만 이전에 경험한 바를 기억하고 있기에 오감이 동원되어 그것을 상상하게 되고, 잠재의식이 작용하여 마치 경험한 것처럼 반응하는 것이다. 또한 순간적으로 상상한 것도 깊지는 않지만 기억 속에 저장되어 잠재의식에 영향을 미친다.

이렇듯이 두뇌는 실제와 상상을 구분하지 않고 기억에 담으며, 그것은 잠재의식에 그대로 영향을 미치게 된다. 만약 당신이 어떤 일을 골똘히 생각하고 영상화하였다면 내부의 식(잠재의식)은 그대로 실제 상황이었던 것처럼 받아들인다. 상상과 현실은 아무런 차이가 없다. 둘 다 똑 같이 보이고 느껴지는 것으로, 현실에서 겪은 것도 기억속의 영상으로 남고, 상상한 것도 기억속의 영상으로 남는다. 그것이 현실인지 아닌지 두뇌는 판단하지 않으며 그냥 기억의 한 부분으로 저장 할 뿐이다.

경험한 것은 시각적인 영상을 위주로 하여 오감을 동반하여 기억에 저장된다. 상상한 것도 마찬가지로 시각적인 영상을 위주로 하여 경험처럼 강하지는 않지만 오감을 동원하여 기억에 저장된다. 이와 같이 두뇌에 기억으로 저장되는 것은 차이가 없다. 내가 자신감 없이 행동했던 경험도 과거의 영상이요. 자신감 있게 행동하는 것을 지속적으로 상상하여 떠올린 것도 과거의 영상이 된다.

이뿐만 아니라 과거와 현재에 좋지 않은 분위기의 가정환경도 과거의 영상이고, 가정이 화목한 모습을 지속적으로 상상한 것도 과거의 영상이 된다. 나는 영상으로 찍힌 것을 기억할 뿐이다. 기억되어진 것은 단지 영상으로만 남는 것이 아니다. 잠재의식에 기록되어 현재의 감정, 생각, 행동에도 모두 영향을 미친다. 미래에도 영향을 미친다.

잠재의식을 바꾸면 현실이 바뀐다

잠재의식에 의해서 일어나는 일들에 당신의 현재의식이 더해져서 행동하게 되고 그것은 다시 잠재의식을 만든다. 기존의 잠재의식의 틀은 바로 바뀌지 않는다. 현실이라고 당신이 믿고 있는 것들은 잠재의식에 의해서 만들어져 나온다. 하지만 현재의식(의지)을 가지고 있기 때문에 바꾸려고 하면 바꿀 수 있다. 물질적인 것들은 바뀌기 힘들다. 현상은 바뀔 수 있다.

이 세상을 이루고 있는 근간(물질적인 것)은 바꾸기 힘들다. 당신이 이 세상을 만들고 없앨 수는 없다는 말이다. 왜냐하면 이 세상을 구성하고 있는 토대 위에 당신이 존재하고 있어, 이 세상의 근간을 바꾸는 일은 당신 존재의 틀이 바뀌는 일이기에 엄청난 잠재의식을 이겨내야 되기 때문이다. 그것은 신의 영역이다. 하지만 일어나고 있는 상황들은 유동적이기 때문에 바꿀 수 있다. 예를 들면 결혼에 성공한다든지, 부자가 된다든지, 시험에 합격한다든지 하는 것들은 상황들이기에 바꿀 수 있다. 고정관념(잠재의식)을 하나씩 바꿔나가면 된다. 잠재의식을 바꾸는 방법은 여러 가지다. 직접 다른 종류의 경험을 한다든지, 의지를 부려 노력을 한다든지, 영상을 박아 넣는다든지, 암시에 의해서 믿음을 갖는다든지 등등이다.

　당신의 지금의 삶은 이전에 가지고 있던 잠재의식의 출력물이다. 무엇을 탓할 수 없다. 단지 잠재의식에 의한 것이기에, 이전에 그런 원인을 가지고 있었기에 그렇게 되는 것이다. 과거를 탓하기보다 지금 이 순간에 당신의 삶을 바꿔라. 과거는 이미 형성된 잠재의식에 의한 것이기에 어쩔 수 없는 일이다. 하지만 현재와 미래는 당신의 의지로 바꿀 수 있는 것이기에 당신이 책임져야 한다.

프로그램

잠재의식은 프로그램이며, 프로그램 할 수 있다

당신은 컴퓨터의 프로그램 속에 있지만,
프로그래머이기도 하다

컴퓨터의 프로그램은 프로그래머에 의해서 입력되며 컴퓨터는 그 프로그램에 따라 가동된다. 컴퓨터에 프로그램 되지 않은 것은 컴퓨터 안에서 일어나지 않는다. 컴퓨터에 프로그램 되지 않은 것이 모니터에 출력될 수 있겠는가? 이와 똑 같이 당신에게 프로그램 되지 않은 것은 당신에게 일어나지 않는다. 당신은 프로그램 된 대로 행동한다. 그 프로그램은 누가 설정하는 것인가? 주변의 여러 가지 상황들에 의해서 당신이 프로그램 되었다고 하더라도, 당신 스스로가 그 프로그램을 바꿀 수 있고 프로그램을 설치할 수 있다. 당신의 필요에 의해서 말이다.

당신은 컴퓨터의 프로그램 속에 있다. 그 프로그램이 잠재의식이다. 그 잠재의식에 새로운 프로그램을 입력 할 수도 있고 그냥 프로그램 안에서 움직일 수도 있다. 현재의식이 있기 때문이다. 그렇다면 당신은 어떤 프로그램을 입력하기를 바라는가? 긍정적인 프로그램을 입력하길 원하는가, 부정적인 프로그램을 입력하길 원하는가?

잠재의식은 당신이 경험하거나 상상한 것들의 결정체다. 현재의식에서 경험한 것이 바로 잠재의식에 가라앉는다. 당신은 현재 계속해서 잠재의식을 쌓아가고 있다. 당신의 의지로 행동을 바꾸거나 당신 스스로 그 잠재의식에 영상을 박아 넣어서 잠재의식을 바꿀 수도 있다. 그러므로 당신은 프로그램 된 상태에서 살아가지만 지금 현재 프로그램 할 수 있는 것이다.

지금 현재의 삶에 당신이 만족하고 있다면 바꿀 필요가 없다. 하지만 현재가 마음에 들지 않는다면 당신의 프로그램을 바꿀 필요가 있다. 프로그램을 바꾸는 주체가 바로 당신이다. 운명에 책임을 떠넘기고 괴롭게 살아갈 필요는 없다. 과거가 어떻게 해서 그렇게 프로그램 되었는지는 중요한 것이 아니다. 지금 그것을 바꾸고 싶다면 그렇게 하면 된다. 프로그래머로서 말이다.

당신이 생각한 것이 곧 당신이다

대학원 수업 중에 한 교수가 you are what you eat(당신이 먹은 것이 곧 당신이다)이라는 이야기를 했다. 이 말은 우리가 먹은 음식이 우리의 피와 살이 되어 몸을 만들어 놓는다는 것이다. 그러므로 '우리의 몸은 곧 우리가 먹은 그것이다.'라는 말이다. 먹을거리의 중요성을 이야기하는 글귀다. 하지만 나는 이렇게 말하고 싶다. you are what you think(당신이 생각한 것이 지금의 당신이다). 지금의 당신은 당신이 생각한(믿고 있는) 그 당신이다. 당신의 모습이 당신이 전혀 생각지도 않았던 모습일까? 그렇지 않을 것이다. 당신이 어떻게 생각하느냐에 따라 당신의 모습이 현실에서 그렇게 만들어진다. 그 생각이 곧 당신에게 프로그램 된 잠재의식이다.

눈을 감고 한 번 자신을 떠올려 보자. 아마도 자신의 이미지가 떠오를 것이다. 이것이 당신에게 프로그램 된 당신 자신이다. 당신이 당신을 어떻게 생각하느냐에 따라 당신의 모습이 달라진다. 또 그런 모습으로 살아가게 된다. 주변 상황도 마찬가지다. 주변 상황은 당신과 떼어 놓을 수 없다. 당신은 홀로 기분 좋고 주변 상황은 모두 기분 나쁘게 돌아가는 그런 일은 없다. 당신이 생각한 것이 당신이며 또한 주변 상황이다. 당신은 홀로 떨어져 있지 않고 주변 상황 안에 놓여 유기적으로 변화하고 있기 때문이다. 이렇게 해서 세상은 하나라고 하는 것이다.

나 혼자 떼어서 생각할 수 없는 세상이다. 의식 안에서는 나와 내 주변 상황 그리고 이 세상 모두가 하나의 틀 안에 있다. 그것은 따로 떨어져 있는 것이 아니고 유기적으로 다 함께 움직인다. 당신이라는 단어 안에는 당신과 관련 된 모든 것이 포함된다. 당신이 당신의 모습을 프로그램 하는 대로 당신의 모습과 주변이 그렇게 바뀌게 된다.

프로그램 되는 원리(색, 수, 상, 행, 식)

불교에서는 잠재의식에 프로그램 되는 과정을 아주 적확하게 설명하고 있다. 오온五蘊 즉, '색色, 수受, 상想, 행行, 식識'이 그것이다. 그 시스템을 보면, 색은 욕망, 수는 감정, 상은 생각, 행은 행위, 식은 프로그램이다. 먼저 욕망(色)이 있고 그로 인한 감정(受)이 일어나고 그 후에는 생각(想)을 하게 되며 행동(行)으로 옮기게 되고 이 결과에 의하여 프로그램(識) 되는 것이다. 이미 형성된 믿음에 의해서 마음이 일어나고 그로 인해서 행동하게 되고 행동한 결과가 다시 믿음으로 자리 잡는 시스템을 이야기해 주고 있다.

예를 들어 설명하면, 사과가 하나 있는데 사과를 보고는 이전의 잠재의식에 의해서 마음속에서 꿈틀하고 욕망이 일어나고 먹고 싶은 감정이 일어난다. 그리고 먹겠다는 생각이 일어나고 먹는 행위를 하게 된다. 먹고 나면, 파란 사과는 '시다'라고 프로그램 되고 빨간 사과는 '달다'라고 프로그램 될 것이다. 그러면 다음에 파란 사과를 보게 되면 프로그램 된 대로 신 맛이 느껴지면서 입에 침이 고일 것이다. 신 것을 좋아하는 사람은 먹고 싶은 감정과 생각이 일어나고 먹는 행위를 할 것이다. 빨간 사과를 보면 당연히 입에 침이 고이고 먹고 싶은 욕구와 감정이 일어나고 먹겠다고 마음먹은 후에 먹는 행위를 할 것이다. 그러고 나면 "역시 빨간 사과는 달다"고 그 믿음을 더욱 견고히 할 것이다.

　이렇게 우리는 경험을 통하여 프로그램 된다. 연구에 의하면, 태어나면서부터 전혀 어떠한 신체적, 정신적 스트레스에도 노출되지 않은 쥐는 바늘로 찔러도 아픔을 느끼지 못한다고 한다. 하지만 여러 번의 자극에 의해서 프로그램 될 것이다. 당신의 삶은 지금까지의 경험에 의해 형성된 프로그램에 의해 진행된다. 그에 갇혀있다고 해도 과언이 아니다. 당신의 행동 패턴은 이렇게 프로그램 안에서 이루어진다. 우리가 사는 세상의 모든 일들이 이런 시스템 안에서 움직이고 있다. 그렇다 우리는 모두 입력된 프로그램에 의해서 외계를 느끼고 바라보고 맞이하면서 살고 있는 것이다.

믿음
잠재의식에 새겨진 믿음은 반드시 경험하게 된다

당신이 믿는 것이 지금 이 세상이다

당신은 무언가를 경험하게 되면 거기에서 믿음을 가지게 된다. 실제로 몸으로 겪은 것이기에 부정할 수 없는 진리로 받아들인다. 그렇게 믿음이 생기면 당신은 그 믿음대로 살아가게 된다. 그리고 그 믿음은 다시 피드백 되어 경험되어진다. 당신이 단지 믿음만을 가지고 있고 현실에서 전혀 다른 일들만 일어날 수 있는가? 그런 일은 없다. 당신이 믿는 바가 혹시라도 다르게 나타날 수도 있다. 당신이 '반드시 믿음대로만 되지는 않는다.'고 믿고 있을 때는 또 그렇게 경험하게 될 것이다. 그러기에 이것도 믿음대로 되는 것이다. 당신의 믿음은 긍정적이든 부정적이든 그 믿음대로 이루어진다.

당신이 무엇을 믿고 있다면 그 믿음대로 경험하게 된다. 역으로 당신이 경험하는 모든 일은 당신이 무엇을 믿고 있는가를 보여주는 것이다. 부정적인 것을 믿고 있다면 당신에게는 부정적인 일이 일어난다. 긍정적인 것을 믿고 있다면 당연히 긍정적인 일들이 일어나고 그것을 경험하게 되는 것이다.

만일 당신이 '인생은 고통의 바다다.'라고 믿고 있다면 당신은 많은 시간을 고통을 경험하게 될 것이다. 그러면서 "맞아, 이래서 인생은 고통의 바다라고 하잖아" 하며 그 믿음을 더욱 확신할 것이다. 하지만 당신이 '인생은 살아 볼 가치가 있고 행복한 여정이야'라고 믿고 있다면 당신은 그 가치 있고 행복한 여정을 경험하면서 "맞아, 인생은 살 가치가 있고 행복한 것이야"라고 하며 무릎을 칠 것이다.

지금 당신의 삶은 당신의 믿음을 청사진으로 하여 인화되어 나오는 현상인 것이다. 만약에 당신이 지금 건물의 10층에 서있다고 하자. 바닥은 콘크리트로 되어 있고 그 밑은 허공이다. 10층 높이의 허공에서 당신이 서 있을 수 있는 힘은 무엇인가? 그것은 당신에게 그 바닥이 꺼지지 않을 것이라는 믿음이 있기에 가능한 것이다. 우리는 이렇게 믿음을 기초로 해서 살아간다.

당신이 믿는 것이 지금 이 세상이다. 당신의 믿음이 지어내고 있는 세상이다. 종교보다 더 종교적이다. 삶이란, 관념이나 교리보다 그것이 곧 존재 자체이며 이론이 아닌 실제이지 않은가? 종교에서 항상 믿음을 강조하지만 우리는 그 자체로 믿음 안에서 살아가고 있는 것이다. 우리는 거기로부터 왔다. 믿음으로부터 왔다. 당신은 당신의 믿음 안에 살고 있다. 당신이 무엇을 믿든 그것이 현실이 된다. 현실은 당신의 믿음을 반영한다. 반영하는 것이 아닌 지금 그대로를 당신이 살아가고 있는 것이다. 중요한 것은 상황에 당신의 신념이 얹혀 있는 것이 아니라, 당신의 신념에 따라 상황이 만들어 진다는 것이다. 당신은 지금도 스스로의 신념을 계속 경험하면서 살아가고 있다.

무언가 열심히 하고 있다면 믿음이 깔려 있는 것이다

무언가 열심히 하고 있다면 그에 대한 신뢰가 있기 때문이다. 신뢰하지 않는 일을 열심히 할 수 있는가? 일용 노동자가 일을 열심히 하고 있는 것은 그것으로 인하여 하루 일당이라는 대가가 지불된다는 믿음이 있기 때문이다. 돈이 나오지 않을 수도 있다고 생각한다면 일을 열심히 할 수 있을 것인가? 공부를 열심히 하고 있다면 그로 인해 시험을 잘 볼 수 있다는 믿음이 있는 것이다. 열심히 무언가를 하고 있는 사람들은 모두 그에 따르는 대가가 꼭 있을 것이라는 믿음이 있는 사람들이다. 그 믿음을 바탕으로 한 성실성이 그 일을 이루게 한다. 믿음이 일을 이루게 하는 것이다. 중요한 것은 믿음이다.

*양심

당신이 요령피우면서 일해도 충분히 돈을 받을 수 있다고 믿으면 그렇게 될 것이다. 뭔가 나쁜 일을 하며 살아도 충분히 잘 살 수 있 다고 믿는다면 또 그렇게 될 것이다. 하지만 인간에게는 양심이 있 다. 양심을 어기는 일을 하면 분명히 그 대가를 받는다. 왜냐하면 마 음에 걸리기 때문에 자신의 잠재의식이 자신 스스로에게 벌을 내리 게 된다. 그것은 피해갈 수 없다. 남은 피해갈 수 있지만 절대로 자 신에게서는 도망칠 수 없다.

*모든 것은 일대일 대응이다

대부분의 사람들이 착하면 모든 것이 다 되는 줄 안다. 착하게 살았는데 저 사람의 인생은 왜 저럴까 하고 이야기 한다. 착한 것 에 대해서는 그 보답을 받는다. 하지만 그 사람이 착하지만 게으르 다면 게으른 것에 대한 보답을 받게 된다. 각 사안에 따른 보답을 꼭 받는 것이다. 악하게 살았지만 돈 버는 일에는 능통하다면 그는 경제적으로 풍요롭게 살 것이다. 하지만 악하게 산 보답은 분명히 받는다.

믿는 것이 전부다

당신이 이렇게 생각하고 있다면 이것이 전부다. 당신이 저렇게 생각하고 있다면 또 저것이 전부다. 약이라고 생각하면 약이 되고 독이라고 생각하면 독이 된다. 어떤 사람은 담배를 80-90살 까지 피워도 아무렇지도 않고 어떤 사람은 병이 드는데, 이것도 믿음에 의해서 달라지는 것이다. 담배가 몸에 나쁘다고 생각하고 피우는 것과 아무렇지 않다고 생각하며 피우는 것은 완전히 큰 차이를 가져온다. 어떻게 믿고 있느냐에 따라 결과는 현저히 달라진다.

어떤 사람은 부패된 음식만 먹는다. 그래도 병원의 검사결과는 건강한 것으로 나온다. 이 사람에게는 부패된 음식을 먹어도 본인은 아무 상관이 없다는 믿음이 있기 때문이다. 하지만 어떤 사람들은 조금만 찬 것을 먹어도 배탈이 난다. 모두가 믿음에 따라 달라지는 것이다. 그 믿음은 잠재의식에 의한 결과물이다.

연극

당신은 당신이 만든 프로그램이 펼쳐내는
삶이라는 연극을 하며 살아간다

당신은 인생의 시나리오 작가이며 동시에 주인공이다

당신은 당신 삶의 시나리오 작가이자 연출가이며 주인공이다. 당신에게 일어나는 일은 모두 당신이 시나리오를 쓴 대로 이루어진다. 그렇지만 스스로 시나리오를 쓰는 줄 모른다. 왜냐하면 그 시나리오는 당신의 잠재의식과 연결되어 있기 때문이다. 당신이 만약 그 시나리오를 스스로 쓰고 있음을 깨닫고 당신이 진실로 원하는 시나리오를 쓰기 시작한다면 얼마나 좋을까?

당신이 걸어가고 있을 때, 누군가 "이쪽으로 가, 저쪽으로 가" 하면서 당신의 발을 들어 한 발 한 발 옮겨 놓아 앞으로 가는 것은 아니다. 당신 스스로가 걸어가는 것이다. 당신의 인생 전체도 누군가의 억압에 의해서 움직이는 것이 아니라 당신 스스로 계획하고 그대로 살아가는 것이다. 하지만 그 계획은 잠재의식과 현재의식이 절충하면서 짜여 진다.

당신은 지금 이 순간, 몇 시간 후, 내일, 한 달 후, 일 년 후 등 당신 삶의 모든 것을 계획하는 시나리오 작가이면서 삶을 연출하는 연출가이고 동시에 당신 스스로 주인공이 되어 살아간다. 당신의 삶 속에서 다른 사람이 주인공이 될 수 있을까? 뭔가 일이 잘 풀리지 않을 때, 지금 한창 잘 나가는 사람을 보며 그 사람이 주인공인 것처럼 여길지도 모른다. 하지만 당신 삶의 중심이자 주인공은 당신 스스로다. 또한 당신의 삶을 계획하고 꾸며나가는 것 또한 당신이다.

당신은 당신 삶의 시나리오를 어떻게 쓸 것인가. 당신은 당신 삶에서 온전히 주인공으로 살아갈 것인가? 만약 당신이 삶의 시나리오를 부정적으로 쓴다면 당신은 부정적인 역할을 해야 할 것이다. 하지만 당신이 긍정적인 삶을 원한다면 긍정적인 시나리오를 써라. 그리고 긍정적인 주인공의 역할을 하라.

현재에 깨어서 주체가 된다면 온전히 주인공으로 살아갈 수 있다. 하지만 기존의 잠재의식에 잠들어 있으면 당신이 주체가 되지 못하고 꿈을 꾸듯이 잠재의식이 펼쳐내는 대로 과거의 기억에 의해서만 살게 될 것이다. 어느 것을 선택할 것인가? 의지를 부리고 잠재의식을 바꿔라.

연출가는 무대 위 소품 하나도 이유 없이 놓지 않는다

당신의 인생을 누군가가 시나리오를 써주면서 이렇게 저렇게 하라고 한다면 당신은 하겠는가? 당신은 꼭두각시가 아니다. 당신의 인생은 당신이 시나리오를 쓰고 그 시나리오대로 연출하고 당신이 주인공이 되어 살아가는 것이다.

당신 자신에게 또는 주변에 배치되는 모든 것은 당신 자신이 필요에 의해서 배치한다. 그 필요는 당신의 잠재의식과 현재의식의 타협점에서 찾은 필요이다. 예를 들면 어떤 사람이 모임에 가야하지만 정말로 가기가 싫다. 당신이 시나리오 작가라면 어떤 시나리오를 쓸 것인가? 어떤 일을 일으켜서 안 가는 상황으로 연출할 것이다. 당신의 마음도 마찬가지다. 모임에 안 가는 쪽으로 상황을 몰고 갈 것이다. 그러려면 상황을 어떻게 배치해야 하는가? 잠재의식을 포함하여 당신이 알고 있는 가장 적절한 방법을 찾을 것이다. 그리고 배치할 것이다.

그것이 안 좋은 방법이 될 수도 있다. 잠재의식이 관여하기 때문이다. 당신에게 입력된 잠재의식이 긍정적인 것이라면 아마도 좋은 방법을 찾을 것이지만, 부정적인 것이라면 부정적인 방법을 찾을 것이다. 그러므로 그냥 기존의 잠재의식에 맡기는 것 보다는 어떻게 하겠다고 확실히 정하는 것이 좋다.

만약에 거짓말을 해서 안 가고자 한다면 스스로 마음정리를 하라. '안 가고 싶으니 이런 거짓말을 하자'하고 마음을 정리해버리면 된다. 마음을 정리한다고 하는 것은 아주 능동적인 행동이다. 이런 거짓말은 나쁜 거짓말이 아니라면 상관이 없다. 진정으로 누군가를 속이기 위해서 하는 것이 아니기 때문이다. "어떻게 해야 하지?" 하고 우왕좌왕하며 마음정리를 못하고 고민만 하면 잠재의식에 그냥 맡겨버려 그 상황을 회피하기 위해 좋지 않은 시나리오를 연출할 수도 있다. 잠재의식이 써주는 시나리오에 의지하지 말고, 당신 스스로 능동적이며 긍정적인 시나리오를 써라.

내 삶은 내가 중심에 있다

이 세상을 바라보고 있는 것은 나고, 생각하고 행동하는 것도 나다. 모든 것을 내 관점으로 바라본다. 다른 사람의 관점에서 바라볼 수 있는가? 그것은 절대 불가능하다. 내 관점으로 타인의 입장을 이해하고 바라보는 것일 뿐이다. 이렇듯 내가 내 삶을 살아가는 것이고 내 주관적 관점에서 바라보고 생각하고 살아가는 것이다.

어쨌든 현실은 모두 내 관점에서 바라보고 살아가는 것이기에 이 세상은 내 세상이라고 할 수 있다. 보이는 것 들리는 것 모두가 나의 눈과 귀와 코와 입과 촉각에 의지하여 나의 관점에서 살아가는 것이지 않는가? 그렇다면 내가 나의 관점을 바꾼다면 세상은 확 바뀌어 다가올 것이다. 그리고 그 바뀐 관점으로 세상을 보고 생각하고 행동하며 살아가게 될 것이다. 내 삶의 중심에는 언제나 내가 있다. 내 삶은 내가 주인공인 것이다.

주인공이 되기 위해서 능동이 되라

진정한 주인공이라면 모든 행동을 능동적으로 할 것이다. 당신은 수동적인 주인공이 되기를 바라지는 않을 것이다. 그렇다면 어떻게 하는 것이 능동적인 삶을 사는 것일까?

아침에 회사에 가는데 늦게 일어나서 밥을 못 먹고 나왔다. 이럴 때 수동적인 행동은 "에이 늦잠을 자서 밥도 못 먹고 나왔네." 하면서 투덜거릴 것이다. 그리고 그 나쁜 기분을 가지고 하루를 살아갈 것이다. 이런 상황은 당신이 원하는 것이 아니기에 당신이 진정한 주인공으로 사는 삶이 아닌 것이다. 능동적이지 못하고 상황에 내가 지배를 당한 것이다.

이를 능동으로 바꾸면 어떻게 될까? "내가 늦지 않으려고 밥을 먹지 않고 나왔다"고 생각하면 상황이 바뀐다. 내가 스스로 한 것이기 때문이다. 내가 주체가 되어 좀 더 일찍 가려고 밥을 먹지 않고 나온 것이다. 이렇게 상황마다 능동적이 되면 내가 상황을 만든 것이 되고, 이후에는 정말로 내 의도대로 상황을 만들어 나가게 되어 진정한 삶의 주인공이 되어 살아갈 것이다.

우리는 실제로 각자가 주인공이기에 능동적인 삶을 살기를 원한다. 아이들이 스스로 공부든 청소든 어떤 일을 하려고 하는데 부모가 그걸 시키면 할 맘이 싹 사라져버린다. 이와 같이 누구든지 누군가가 시켜서 하는 것이 아닌 자신 스스로가 결정하여 어떤 일을 하고 싶어 한다. 삶도 마찬가지로 자신이 진정으로 주인공 역할을 하면서 살아가기를 원한다. 스스로가 모두 자신의 삶에 주인공이기 때문이다. 그렇기에 주인공 역할을 하고 싶어 하는 것이다.

우리는 필요에 의해서 상황을 어렵게 만들기도 한다. 그렇지만 내가 한 것인지를 알지 못한다. 내가 필요에 의해서 상황을 그렇게 만든 것이라고 능동적으로 생각하고 그 필요성이 무엇이었는가를 찾아야 한다. 당신이 부정적인 상황을 만든 것을 인정하고 '이제부터는 그렇게 하지 않겠다.'고 마음 먹는 순간, 당신은 능동이 되어 더 이상 부정적인 상황을 발생시키지 않게 된다. 당신이 만든 것이 아니라 무언가에, 운명에 의해서 그렇게 될 수밖에 없었다고 생각한다면, 스스로가 주체가 되지 못하여 삶의 주인공이 되지 못하고 끌려가는 삶을 살게 된다. 당신의 삶은 진정으로 당신이 만들어나갈 수 있다는 것을 인식할 때, 당신은 인생의 주인공이 되어 당신이 원하는 삶을 살게 될 것이다.

사람들은 불확실성을 즐긴다

만약에 내일 일을 모두 알고 살아간다면 어떨 것인가? 아마도 재미없는 세상이 될 것이다. 그런 세상이 어떨지는 모르지만 살아가는 의미가 없지 않을까? 우리는 불확실 속에서 내일의 희망을 가지고 오늘을 살아간다. 그런 희망이 오늘의 삶을 의미 있게 만드는 것이다. 하지만 그 희망도 언제나 보장되어 있다면 따분하고 무료한 일상이 될 것은 자명한 일이기에 사람들은 불확실성을 즐기는 것일 것이다. 그래서 사람들은 단지 좋은 일만을 벌이지 않는지도 모른다. 어려운 일도 있어야 인생이 살 맛 나지 않겠는가? 항상 곧은 길만 가는 것은 그리 즐겁지만은 않기에 일부러 돌아가거나 모험하는 일도 마다하지 않는다. 괴로움 뒤에 오는 행복이 더 강력하기에 괴로움을 만들고 있는지도 모른다.

당신이 만약 시나리오 작가라면 어떤 시나리오를 쓸 것인가? 아마도 단조롭게 쓰지 않고 여러 가지 일이 복잡하게 얽히는 시나리오를 쓸 것이다. 주인공이라도 마찬가지다. 단조로운 일상만을 연기하는 것은 원하지 않을 것이다. 그것이 일반적인 인간들의 마음이며 또한 당신의 잠재의식 안에 있는 인간의 삶의 형태이자 당신의 삶의 형태이다. 하지만 좋지 않은 일도 너무 많이 벌이게 되면 괴로움에 빠져 헤어 나오지 못하는 결과를 만들게 된다. 내 삶에 일어나는 일들은 내가 벌이는 것이지만, 스스로 제어하지 못하게 되어 자갈밭이나 늪으로 들어간다면 괴로움으로 한 평생을 살게 될지도 모른다. 당신 삶의 좋은 시나리오를 쓸 마음의 준비가 되어 있어야 한다.

의식

모든 것이 의식 안에서 움직인다
세상은 의식 안에 있다

의식이 물질을 만들고 현상을 만든다.

의식은 기氣를 움직이고 기는 물질을 만든다. 이 말은 몇 천 년 전부터 전해져 내려오는 말이다. 우리의 의식은 우주간의 기운을 움직이고, 그 기운이 물질, 곧 눈에 보이는 현상을 만들어 나간다.

과학에서는 물질을 구성하고 있는 기초 단위를 분자, 원자, 전자 등으로, 더 나아가 미립자, 소립자로 구분하더니 이제는 더 작은 단위를 지칭하는 쿼크라는 단어를 쓴다. 물질을 점점 작은 입자로 나눈다면 더 이상 세분화 할 수 없는 입자까지 갈 것이다. 예로부터 선인들은 이 미세한 입자를 기氣라고 불렀다. 무엇이라고 이름 붙이는 것은 그리 중요한 것이 아니다. 인간의 의식이 이런 미세한 입자에 영향을 미치는데, 우리에게 보이고 만져지는 모든 것이 이 입자로 구성되었다는 것이 중요하다.

물질은 고정되어 있는 것처럼 보이지만 극히 작은 입자로 가면 아주 활발하게 움직이고 있다고 한다. 그렇다면 그 입자들은 아주 유동적인 것이 된다. 입자와 파동을 동시에 가지고 있는 최소 단위, 그것은 곧 '기'의 세계인 것이다. 기공에서는 의식에 따라 기가 움직인다고 한다. 「노자」에서는 정신이 먼저 나오고 그 뒤에 물질이 나왔다고 한다. 「장자」에서는 기가 모여서 물질이 된다고 한다. 정신이 물질을 만든다는 이야기일 것이다. 우리 정신이 만들지 못할 미래가 무엇이 있겠는가? 목전만 보더라도 '가상현실', '인공지능' 등 예전에 영화나 책에서 보았던 것들이 현실화되고 있지 않은가?

의식은 보이지 않는 에너지(힘)다. 에너지는 다른 어떤 것들에게 영향을 미친다. 의식의 에너지가 가장 작으며 눈에 보이지 않고 유동적인 기(쿼크, 렙톤이라고 불러도 좋지만 앞으로 더 미세한 입자로 세분하여 이야기하게 될지도 모른다.)에 영향을 주면서 눈에 보이는 현상(물질세계)을 변화시킨다. 당신이 어떠한 마음을 먹고 영상화하느냐에 따라 현실이 그렇게 변하게 된다. 인간사회를 몸이 이끌어 간다고 하는 사람은 없을 것이다. 의식이 이끌어 가는 것이다.

아기는 물질(잠재의식)보다 현재의식이 더 강하게 작용한다

아기는 어른보다 현재의식이 강하게 작용한다. 아직 물질 세계에 대하여 경험을 많이 가지고 있지 않기에 잠재의식이 별로 형성되어 있지 않다. 그렇기에 현재의식 또는 의지가 더 강하게 작용한다. 아기가 뭔가에 머리를 들이받히면 자지러지게 울다가도 눈앞에 딸랑이를 흔들면 곧 바로 웃는다. 그 순간 의식이 들이받힌 것에서 딸랑이로 이동하면서 고통은 사라지고 딸랑이를 보며 기쁨을 느끼는 것이다. 아기들은 잠재의식이 별로 형성되어 있지 않고 현재에 깨어서 살기 때문에 그렇다. 아까 들이받힌 일은 과거이지만 지금 현재 딸랑이를 본 것은 현재이기에, 현재를 사는 아기에게는 현재의 딸랑이만 있기 때문이다.

어른들은 살아온 시간만큼 많은 경험을 가지고 있어서 그에 따른 고정된 잠재의식이 많이 형성되어 있다. 그러므로 무언가에 심하게 들이받히면 잠재의식이 발동되어 스스로 과거의 프로그램을 작동시키면서 아픈 행동을 하게 된다. 여기에 더하여 의식이 지속적으로 아픔에 집중되어 에너지를 주면 계속 더 아픔을 느끼게 된다.

몸이 자주 아픈 것도 몸(물질)에 대한 고정관념이나 아픔에 대한 고정관념이 그만큼 많이 쌓여서 그렇다. 의식의 유연함은 현실의 유연함을 뜻한다. 우리가 잠재의식을 유연하게 할 수 있다면 현실의 현상을 더욱 유연하게 할 수 있다. 의식은 근원이고 물질은 의식에 의해 파생되어 나온 산물이기 때문이다.

올림픽 선수도 의식으로 기록을 갱신한다

올림픽 선수들은 피나는 훈련을 통하여 기록을 갱신한다. 실제로 스포츠(몸으로 하는 모든 것이 그렇지만)는 몸을 움직여서 하는 것이다. 그렇기에 몸으로 기록을 깬다고 할 수도 있다. 하지만 우리의 움직임은 몸이 움직이는 것이지만 의식이 그 움직임을 유발하고 통제한다. 몸의 움직임은 의식에 의해서 움직이는 것이고 이도 역시 잠재의식의 영향을 받는다. 잠재의식의 토대 위에 현재의식이 기존의 잠재의식을 조금씩 깨나가면서 더 좋은 기록으로 다가간다. 그러므로 의식이 기록을 깨는 것이라고 할 수 있다. 기록을 깨는 것은 몸이지만 잠재의식의 한계를 깨나가는 것이다. 의식이 기록을 깨는 것임을 알기에 그들도 이미 이미지트레이닝을 도입하여 실행하고 있다.

생활의 달인들 (물질이 지배하다가 정신이 지배한다.)

TV프로그램 '생활의 달인'을 보면 기가 막히는 장면들이 많다. 돈을 셀 때 지폐를 몇 장 잡으라고 하면 한 장의 오차도 없이 그 장수를 골라잡는다. 지폐 뭉치에서 지폐를 아무렇게나 뚝 떼어 잡고 그 지폐가 몇 장인지를 알아맞힌다. 밀가루 반죽을 항상 똑 같은 그램 수로 떼어 놓기도 하고, 손으로 반죽을 들고 그램 수를 알아맞히기도 한다. 이런 일이 일반 사람들에게는 신기할 따름이다.

이 역시 의식이 하는 일이다. 처음에는 이들도 그렇게 하지 못했다. 물질의 영향을 받는 것이다. 하지만, 오랜 기간 그것들을 다루면서 그것에 대해 익숙해지고 더 잘 할 수 있다는 믿음이 깊어지는 것이다. 의식에서 '이 정도는 할 수 있지' 하고 깨 나가고, 다시 '이 정도야 할 수 있지'하고 무의식적(무의식이란 없다. 단지 의식적으로의 반대 의미)으로 의식의 한계를 깨나가는 것이다. 그 믿음은 그것을 '내 마음대로 할 수 있다'는 믿음으로 발전되어 물질이 정신의 지배 안에서 움직이게 된다. 의식이 지배하는 물질 중에는 '나'도 포함된다. 나를 포함한 물질들이 자연스럽게 의식의 지배를 받게 되어 몸으로 하는 어떤 일이든 간에 의식으로 통제할 수 있는 경지에까지 이르게 된다.

처음에는 의식이 물질의 영향을 받지만(잠재의식의 영향을 받는다.) 오랜 기간 다루면서 그 물질을 장악한다(현재의식이 잠재의식을 깨나간다.). 그 이후에는 의식이 물질에 영향을 미친다. 오랜 기간 어떤 일을 몰입해서 하다보면 자동적으로 잘 할 수 있게 되는데, 이는 물질을 다루는데 익숙해져서 도리어 그 물질이 의식 안에서 움직이게 되는, 다시 말해서 물질을 제어하는 능력이 생기기 때문이다. 더 분명히 말하면 의식이 상황을 제어하는 것이다.

우리의 몸은 물질이고 정신이 몸을 움직인다. 사람이 태어나서 처음 걸을 때는 잘 걷지 못했다. 몸을 내 의지대로 움직일 수 없었다. 하지만 계속 움직이고 걸으면서 몸을 의식의 통제 안에 두게 되었다. 그 후에는 무언가를 잡고 싶으면 마음대로 잡을 수 있고 걷고 싶으면 마음대로 걷게 되었다.

아기나 질병을 가지고 있지 않은 사람이라면 누가 걸을 때 한 발을 어떻게 내딛고 어떻게 놓을 것인가를 신경 쓰면서 하겠는가? 수 없이 많이 한 결과다. 사람이 하루에 한 발짝씩만 걷는다면 아마도 걸을 때마다 신경 써야 하고 잘 되지도 않을 것이다. 수 없이 많이 한 일에 대해서는 의식이 통제하여 마음먹은 대로 할 수 있게 된다. 어느 것에도 용불용설用不用說이 적용된다. 쓰면 쓸수록 더욱 발달하는 것이다. 의식도 마찬가지로 어느 쪽으로든 쓰는 쪽으로 계속 발달한다. 진화라고 하는 것은 물질이 진화하는 것 같아도 사실은 의식의 진화를 말하는 것이다.

어떤 나라 사람들은 한 달 내내 앉아서 생활하다가 한 달에 하루만 걷는다. 잘 걷지 못하는 것은 뻔한 일이다. 그런데 이웃나라에서 사람이 왔다. 그 나라 사람들은 일주일에 6일 동안 앉아서 생활하다가 하루만 걷는다. 그 이웃나라 사람을 보고 이 나라 사람들은 걷는데 달인이라고 말한다. 그러면 매일 걷는 나를 본다면 그 나라 사람들이 뭐라고 할까? 아마도 신이라고 할지도 모르겠다.

대학시절 중국문학을 전공하였던 나는, 공부할 때 수시로 중국어 사전에서 단어를 찾았다. 수도 없이 사전 찾기를 하다보면 어떤 글자나 단어를 찾을 때, 천 몇 백 페이지의 사전이라도 한 번에 사전을 열어 그 페이지가 나오는 일이 비일비재하였다. 아마도 사전을 많이 찾아본 사람이라면 이런 경험이 일상일 것이다. 이렇게 많이 한 것들은 그 행동들이, 더 깊게 말하면 그 상황들이 내 의식의 통제 안에서 움직이게 된다.

내가 무언가를 할 때 그 일만이 의식 안에 있는 것이 아닌, 그 일을 하고 있는 나 자신도 의식 안에서 움직인다. 그렇기 때문에 의식이 제어하고 있는 것은 일을 하고 있는 나와 그 일 그리고 주변 모든 것이 된다. 개체로 보면 내가 그 일을 제어하는 것이지만 전체적으로 보면 내 의식이 나를 포함한 전체 상황을 제어하고 있는 것이다.

이는 단적인 예이며 우리는 우리의 삶을 의식으로 만들어가는 달인들이다. 모든 일상을 자연스럽게 의식으로 만들어

나간다. 그것을 알지 못한다. 이 모두가 의식에 의한 것이다. 삶에서 일어나는 일들은 내가 자연스럽게 일으키는 것이다. 우리는 매일을 살고 있기에 하나하나 특별히 신경 쓰지 않고서도 별다른 제약 없이 자연스럽게 일상을 만들고 이루면서 살아간다.

상상
우리는 의식을 사용하는 방법 중에 상상력을 주로 사용한다

의식은 점점 확장된다

우리는 모두 무언가를 생각하면서 산다. 의식의 전개는 필연적인 것이다. 하나가 있으면 또 다른 하나가 생겨난다. 「노자」에서 '무에서 하나가 생기고 하나에서 둘이 생기고 둘에서 셋이 생기고 셋에서 만물이 생겨난다.'고 하였다. 이것은 우리들이 의식으로 세상을 펼쳐 나가는 것을 표현한 것이다.

우리의 주변 사물과 상황 등은 그것이 거기에 있어서 우리가 찾아가는 것이 아닌, 우리가 필요에 의해서 의식을 진화하고 확장시키는 과정에서 나오는 것으로, 우리의 의식에 의하여 만들어 내는 것이다. 그것이 하나의 현상이라고 할지라도 그 현상도 우리가 의식으로 지어내는 것이다. 우리의 필요에 의해서 말이다. 내일이라는 것도 내일이 있어서 우리를 기다리는 것이 아니라 의식으로 내일을 만들어가며 살아가는 것이다. 나는 주변과 더불어 존재하므로 나도 내일도 모두 의식에 의해서 펼쳐지는 것이다.

우리가 상상한 것은 우리 앞에 나타난다. 우주선 등 이동 수단 또는 쓰고 있는 문명의 이기들 모두는 우리가 그것이 필요하고 관심을 갖고 있으므로 해서, 그것을 의식으로 만들고 그 현상 속에서 그것을 누리며 살고 있다. 현재 인간 사회를 이루고 있는 문명의 이기들은 모두 인간이 만든 것이 아닌가? 그것일 뿐이다. 있는 것을 찾아가는 것이 아닌 우리가 필요한 것을 의식으로 만들어 그 안에서 누리며 사는 것이다.

인간의 상상력은 세상을 만드는 에너지로써 의식은 점점 진화하고 확장되어 나간다. 우리의 의식이 에너지를 점점 많이 가하면서 그 에너지는 물질을 만들어낸다. 그러기에 우리가 상상한 것은 반드시 우리 앞에 나타나게 되어 있는 것이다. 외계인이나 UFO가 어딘가에 있을 것이라고 생각하고 있지만 그 상상력이 외계인을 우리 앞에 불러들일 것이다. 외계인이 어딘가에 존재하다가 어떤 경로로든 우리 앞에 나타나는 것이 아니다. 외계인을 만나는 상상으로 인하여 의식이 만들어 나가는 것이다. 외계인은 언젠가(필연적으로) 우리의 상상력에 의해 우리 앞에 나타나게 되어 있다. 그 날이 언제인가만 남았다.

이 세상 모든 것은 의식에 의한 상상력의 소산이다. 하나의 상상력이 지속되면 현실감이 더해지고 그 영상들이 물질화, 현실화 된다. 가는 펜으로 그림을 그리면 그림이 잘 보이지 않는다. 하지만 여러 번에 걸쳐 겹쳐서 그리거나 굵은 펜으로 그리면 그림이 확연히 보일 것이다. 물감 등으로 더욱더 겹쳐 그리면 이제 감촉이 느껴지며 만져지게 된다. 마찬가지로 지속적인 상상력은 그것이 에너지가 되어 현실에 확연히 드러나게 된다. 당신의 미래도 마찬가지로 당신의 상상력과 지속적인 의식 확정 작업에 의해서 생겨난다. 상상은 의식을 확장시키는 방법이다. 당신은 어떤 상상으로 당신의 미래를 만들 것인가?

라이트형제도 상상으로부터 시작하였다

비행기를 발명한 라이트형제도 날수 있다는 꿈을 꾸고 나는 것을 상상함으로써 비행기를 만들 수 있었다. 주변에 발명되어 나오는 모든 문명의 이기들이 상상에 의해서 나오지 않은 것이 무엇이 있겠는가? 머릿속에 무언가 떠오르지 않는다면 무엇을 만들어낼 수 있겠는가? 상상은 영상을 동반하고 그 영상은 언젠가 우리 앞에 나타나게 되어 있는 것이다.

지금 우리가 누리고 있는 자동차나 비행기, 우주선 등은 몇 백 년 전만 해도 전혀 가능하지 않았던 것 아닌가? 하지만 어떻게 하면 더 편하고 빠르게 다닐 수 있을까하는 인간의 욕구와 상상에 의해서 지금 우리가 누리고 있는 것이다. 지금도 더 편리한 이동 수단을 원하고 있고 그에 대한 상상을 계속하고 있다. 그러므로 SF영화나 만화 등에서 그 상상력을 더욱 펼치고 있으며, 시간이 갈수록 그것은 현실로 우리에게 다가올 것이다. 또, 불과 몇 십 년 전만 해도 전화기나 컴퓨터를 손 안에 가지고 다니리라고 누가 생각했겠는가? 지금 그것이 가능한 것은 지속적인 상상력에 의한 것이다.

개인의 미래도 마찬가지로 상상하여 만들어지고 있다. 미래를 확실하게 상상하면 할수록 더 확실하게 상상한대로 미래가 펼쳐지게 된다. 무언가를 할 때는 먼저 영상이 떠오른다. 그 영상대로 모든 일들이 이루어져 나간다. 머릿속이 아무 생각 없이, 아무 영상도 떠오르지 않고 캄캄하다면 무엇을 할 수 있겠는가? 미래의 동력은 상상력이다. 개인의 미래도 곧 그 사람의 상상력에 의해서 만들어 나갈 수 있다.

경험은 만들어낼 수 있다

경험이란 어떤 일을 겪는 것이다. 그 일을 몸소 겪었을 때 기억으로 아로새겨진다. 경험을 만들어낼 수는 없을까? 그렇다. 경험은 만들어낼 수 있는 것이다. 어떤 일을 겪었을 때 감정이 일어난다. 그리고 그것이 영상과 함께 감정이 대동되어 기억에 자리 잡는다. 어떤 일을 겪은 것이 중요한 것이 아닌, 진실로 중요한 것은 겪은 일로 인해서 그 후에 일어나는 기억과 반응들이다.

예를 들어 어렸을 때 덩치가 큰 아이에게 맞은 적이 있다면 그 경험이 영상과 느낌 등으로 기억에 자리 잡는다. 그것은 단지 한 때 겪었던 경험이지만, 기억 속에 새겨져서 지속적으로 다른 경험들에 영향을 준다. 몇 십 년이 지나도 덩치가 큰 사람을 만나면 주눅이 든다든지, 그 아이와 비슷한 인상의 사람을 만나면 가슴속에서 거부감과 두려움이 꿈틀댄다든지 하는 것이다.

이런 트라우마를 없앨 때 강력한 방법을 사용하여 경험을 바꾸어 놓기도 한다. 최면 상태에서 그 시기로 돌아가서 도리어 그 아이를 때리는 것이다. 여러 번 이렇게 반복하면 기억 속에서 혼동이 일어난다. 내가 맞았던 것인지 때렸던 것인지. 어느 영상이 더 강하냐에 따라 잠재의식에 영향을 더 준다.

누군가가 어떤 사람에게 맞은 적이 있어서 분노가 남아있다면 그 사람은 생활 중에 그 생각이 일어나고 도리어 그를 때리는 상상을 하게 되는 경우가 많다. 그런 것도 마음속에서 자연스럽게 일어나는 경험 치환 활동이라고 볼 수 있다. 상상으로 그 경험을 바꾸어 놓으려는 것이다. 한 번 상상한 것은 기억 속에 깊이 남지 않는다. 하지만, 여러 번에 걸쳐 깊이 상상한 것은 마치 진짜로 경험했던 것처럼 기억 속에 아로새겨진다. 경험이 치환되는 것이다. 여러 번에 걸쳐 깊이 상상하게 되면 뇌리에서는 현실로 받아들이게 된다. 내 스스로의 모습도 긍정적인 방향으로 지속적으로 상상하면 실제로 그런 것처럼 여겨지고 그렇게 변하게 된다. 상상은 미래도 과거도 만들 수 있다.

영상
상상의 중심은 영상이다

영상은 미래를 만든다

미래라는 것은 의식 안에 이미 존재한다. 아무것도 없다가 어느 순간 내게로 다가오지 않는 것이다. 내 의식 안에 있는 미래가 그대로 현실로 나타나게 된다. 사람들은 마음속에서 일어나는 미래에 대한 영상이 자연스럽게 현실이 된다는 것을 인지하지 못한다. 지금 현재 어떤 생각을 하는가, 과거나 미래에 대해서 어떠한 영상을 마음속에 지니고 있는가가 중요하다. 미래에 대한 영상도 과거에 대한 영상도 모두 나의 머릿속에 있는 것이다. 그 기억은 그대로 현실에 영향을 주게 된다.

미래를 이러이러하게 바꿀 수 있다는 것도 지금 그렇게

생각하고 있는 것이기에(영상이 잡혀 있기에) 바뀌는 것이다. 자기가 하고 싶은 바는 영상이 확실할 때 현실로 실현될 수 있다.

어떤 일을 할 때, 먼저 영상이 떠오른다
영상대로 간다

내가 지금 집에 가고 있는데 머릿속에 집으로 가는 길이 떠오르지 않고 깜깜하다면 어떻게 집엘 갈 것인가? 우리가 무언가 하고자 하면 그것에 대해서 우리의 두뇌는 먼저 자연스럽게 그 영상을 떠올리게 된다. 이렇듯이 미래는 내 머릿속에 떠올리는 영상대로 이루어지게 된다. 당신은 당신이 떠올린 영상대로 행동할 것이다. 무언가를 할 때 먼저 영상을 떠올리고 하게 되면 그 영상이 이미 내 잠재의식에 영향을 주어서 자연스럽게 이루어진다. 영상이 더욱 세세하면 세세할수록 더 빨리 더 잘 할 수 있다. 그 영상은 내가 하고자 하는 일에 대해서 앞에서 알려주고 끌어주는 역할을 한다.

필자는 무슨 일을 할 때 까먹지 않기 위해서 영상을 떠올리는 방법을 사용한다. 예를 들면, 밖에 나갈 때 가방을 가지고 나가야한다면 잊지 않기 위해서 가방을 들고 나가는 모습을 미리 영상으로 떠올린다. 또 가방을 메고 차에 타거나 길을 걷는 모습을 영상으로 잡아 놓으면 절대로 잊지 않게 된다. 기억 속에서 까먹지 않게 하려는 의도가 있지만, 떠올린 대로 에너지를 가해서 그 현실을 만들어내는 것이다. 또한, 산에 오를 때 힘들어 지치게 되면, 힘차게 산을 오르고 있는 영상과 정상에서 두 팔을 뻗으면서 "야호" 하고 외치는 영상을 떠올리는 것만으로도 정상에 오를 때까지 힘이 난다.

오래전에 운전면허 시험을 볼 때이다. 필기시험을 보는데 공부를 별로 하지 못 했다. 그렇지만 붙고 싶은 마음에 뇌파를 다운시킨 다음 벽보에 붙은 합격자 명단을 보면서 기뻐서 펄쩍 뛰는 장면을 영상에 박아 넣었다. 시험을 치루고 합격자 명단을 본 나는 깜짝 놀라지 않을 수 없었다. 300명 중에 1등을 한 것이다. 기쁜 마음에 주먹을 쥐며 실제로 펄쩍 뛰었다. 입력 된 영상이 1등이라는 결과를 낼 줄은 전혀 생각지 못했다. 이것으로 보아도 나의 미래는 미리 영상화했을 때 그와 같은 모습으로 다가온다고 할 수 있다.

당신의 머릿속에 그림이 있지 않고는 퍼즐을 맞출 수 없다

퍼즐 맞추기 놀이를 할 때 당신은 당신의 머릿속에 그려져 있는 그림대로 퍼즐을 맞추어 나간다. 당신의 머릿속에 퍼즐의 그림이 없다면 맞출 수 있겠는가? 당신의 머릿속엔 이미 퍼즐의 그림이 영상으로 그려져 있기에 그에 따라 하나하나 맞추게 된다. 그 그림이 잘 그려져 있지 않은 사람은 퍼즐을 잘 맞출 수 없다.

당신이 만약에 어떤 일을 정말로 이루기 원한다면 그 그림을 이미 당신의 의식 속에 그리게 된다. 당신이 어떤 일을 이루기 원한다면 마음으로 그려라. 그려진 대로 당신의 삶의 퍼즐이 맞추어져 나갈 것이다. 당신이 선명하게 영상을 그리지 않는 것, 다시 말 해서 당신의 마음에 미래의 계획이 확실히 세워지지 않으면 단지 잠재의식에 의해서 흘러가게 된다. 당신의 현재의 뜻과 의지에 의하여 살아가는 것이 아닌 당신의 잠재의식에 의해서 운명처럼 흘러갈 것이다. 좋은 잠재의식이 심어져 있다면 상관없지만 말이다.

만약 당신이 누군가와 계약을 맺을 때 계약을 성공시키고 싶다면, 계약 장소에 들어가기 전에 숨을 깊이 세 번 들이쉬고 내쉬면서 심신을 편안하게 한 후에 계약을 성공시키는 장면을 떠올려 주면 효과가 있다. 몇 일전부터 미리 시작하면 더욱 좋다. 그것이 강하면 강할수록 계약에 성공할 확률은 점점 높아진다. 미래의 영상을 확실히 새겨 넣고 거기에 에너지를 가하는 것이다.

모든 기억은 영상으로 기억된다

우리의 감각기관 중에 가장 큰 역할을 담당하고 있는 것이 시각이다. 백 번 듣는 것보다 한 번 보는 게 낫다는 말처럼 보는 것은 그대로 믿음을 가지게 한다. 집에 금송아지가 있다고 백 번을 말해도 믿기 어렵지만 한 번 보여주는 것으로 바로 믿게 된다. 당신의 미래도 단지 당신이 그렇게 되었으면 하고 바라기만 하면 그 에너지가 약하다. 그 미래를 원하는 대로 세세히 눈에 보듯이 그려나가면 그것이 의식 속에 깊이 박히고 더욱더 믿음을 가지게 된다.

기억 중에 가장 강력한 것이 시각으로 기억되는 영상이다. 그 영상의 기억에 따라 여러 가지 다른 감정들이 따라 나온다. 몇 십 년 전에 할머니가 돌아가셨을 때 나는 영상 하나를 떠올렸다. 할머니가 황금마차를 타고 하늘로 올라가는 영상이다. 점점 멀어지는 화려한 황금마차에서 할머니가 웃으면서 손을 흔들고 있는 모습이었다. 그 후 나는 할머니를 떠올릴 때마다 그때 잡아놓은 영상이 떠올라, 슬퍼지는 것이 아니라 도리어 얼굴에 미소가 떠오른다. 몇 십 년 전의 영상이 아직도 내 마음속에 존재하면서 지속적으로 영향을 미치고 있다.

내 마음속의 영상에 따라 상황을 좋게도 나쁘게도 인식하게 된다. 과거도 기억이고 미래도 기억이다. 미래의 영상을 강하게 오랜 기간 마음속에 떠올리면 그것 자체가 기억으로 남는다. 그런 기억은 과거든 미래든 상관하지 않고 영상으로 남으면서 잠재의식에 영향을 미친다.

눈을 감고 나를 생각하면 나에 대한 고정적인 영상이 잡힌다. 그것이 곧 내 마음속에 있는 '나' 이다. 나의 과거의 경험에 의해서 잠재의식 속에 아로새겨져 있는 나의 모습이다. 그 모습은 확고한 영상으로 존재하면서 지속적으로 현재의 내 모습에 영향을 미친다. 다른 사람의 모습이나 여러 가지 현상, 상황들도 마찬가지다. 다른 사람을 생각하면 내 마음속에 있는 그 사람의 이미지에 의해서 나에게 여러 가지 반응이 일어난다.

잠재의식에 아로새겨진 영상에 의해서 자연스럽게 현재가 이루어진다. 영상으로 미래의 기억을 마련하라. 그 기억대로 당신의 미래는 현재에 자연스럽게 도달하게 될 것이다.

백상이 불여일견이다
가장 강력한 믿음은 영상에서 나온다

'백문이 불여일견'이라는 말이 있다. 백 번 듣는 것 보다 한 번 보는 것이 낫다는 얘기다. 백 번 들어도 '그럴 수 있겠지' 하고 생각하지만 한 번 보면 확실히 믿게 된다. 실제로 보는 것은 믿음을 확고하게 한다. 나는 이렇게 말하고 싶다. '백상(百想)이 불여일견(不如一見)'이다. 백 번 생각하는 것보다 한 번 영상으로 깊게 마음속에 박은 것이 더 강력하게 잠재의식에 박혀 신념화된다.

한 번 본 것은 그대로 믿음이 된다. 영상이 가장 강력하기 때문에 영상으로 박는 것이다. 당신의 잠재의식에 있는 믿음은 그대로 당신에게 나타난다. 당신에게 어떤 믿음이 있는가를 알려면 미리 그 영상을 그려본다. 그러면 거부하거나 긍정하거나 아니면 어떤 감정이 일어날 것이다. 그것이 당신의 믿음이다.

당신 마음속에 미래의 영상을 마련하고 자꾸 떠올려주면 마음속에 깊이 상이 박히고 그것이 청사진이 되어 당신에게 현실로 인화되어 나타난다. 당신이 자꾸 상상하는 것은 청사진을 만들어가는 과정이다. 어떻게 되고 싶다고 자꾸 생각하는 것 보다 영상으로 만들어(상상하여) 마음속에 깊이 박는 것이 더 낫다. 백상이 불여일견이다.

화가의 머릿속에는 이미 그림이 있다

화가가 그림을 그리려면 머릿속에 그림이 있어야 한다. 머릿속에 그림이 있지 않고는 아무것도 그릴 수 없다. 화가는 마음속에 있는 그림을 캔버스에 그대로 그리기 때문이다. 마음속에 빨간 장미가 있으면 반드시 빨간 장미를 그리게 된다. 행동이란 마음의 작용에서 나온다. 주변에서 일어나는 일도 마찬가지로 마음의 작용에서 이루어지는 것이다.

그렇다면 나의 마음속에 어떤 그림을 그리고 있어야 할 것인가? 어떤 이는 항상 불행한 모습을 그린다. 하지만 그것은 그의 잘못이 아니다. 지금까지 살아온 삶에서 형성된 잠재의식에 의해서 미래나 현재를 그리게 되고, 또한 자신이 그린 영상대로 삶을 살아가게 되기 때문이다. 하지만 과거나 현재가 어떤 모습이건 간에 지금 어떤 영상을 그리느냐에 따라 미래가 그렇게 다가온다. 그렇다면 당신은 어떤 영상을 그리고 싶은가? 당신이 그리는 영상은 화가가 머릿속의 그림을 캔버스에 그리듯이 현실에 그대로 그려질 것이다.

당신이 실제로 그림을 그릴 때 당신의 의식 속에 그림을 미리 그리고 난 후에 그에 따라 그림은 당신의 손끝에서 그려지게 된다. 다시 말하면 당신이 마음속에 미리 그린 그림은 현실로 그려져 나오게 되어 있다. 당신이 바로 몇 초 후의 일이라도 당신의 머릿속에 영상이 그려지지 않고 캄캄하다면 아무 일도 할 수 없게 된다. 당신에게는 아마도 당신 인생 전체의 그림이 그려져 있을 수도 있다. 그 그림이 뚜렷한 사람은 빠르게 이루면서 원하는 삶을 살 것이다. 그 그림이 뚜렷이 그려져 있지 않은 사람은 원하는 바를 이룰 수 없다. 그냥 잠재의식대로 이루어질 것이다. 당신은 어떤 그림을 그리기를 원하는가? 당신은 어떤 삶을 살기를 원하는가? 그림을 그려라. 장, 단기의 그림을 그려라.

과거에 의식 속에 박힌 잠재의식에 의해서만 살아간다면 당신은 어떤 의지를 부릴 수 있겠는가? 당신은 잠재의식과 현재의식의 집합체이다. 하지만 진정한 당신이라면 활짝 깨어서 당신 스스로 의지를 부리면서 살아가는 사람이지 않을까?

당신의 의식이 영사기처럼 비추어서 영상이 현실로 나타난다

우리는 의식을 가지고 있다. 의식이 없다면 아무 것도 없는 것이다. 이것을 영화관에 비유하여 보면 영사기 불빛은 의식이다. 그리고 잠재의식은 필름에 해당한다. 영사기 필름에 해당하는 당신의 잠재의식이 의식에 비추어지면서 스크린에 현실의 상이 맺히게 된다. 영사기에 필름(영상)이 없다면 아무런 상도 나타나지 않는다. 당신은 영사기사이면서 필름에 의해서 비쳐 나오는 현실의 주인공이다. 당신은 영화필름을 만들 수 있고 필요에 따라 다른 것으로 갈아 끼울 수 있다.

영상 박아 넣기는 영화필름을 만드는 작업을 하는 것이다. 잠재의식에 이미 만들어진 필름도 마음먹으면 수시로 갈아 끼울 수 있다. 왜냐하면 현재의식이 있기 때문이다. 현재의식은 영사기사이기 때문에 잠재의식에 의해서 나오는 현재의 필름을 바꿀 수 있다. 만들어져 나온 영상이 마음에 들지 않으면 바꾸면 된다. 삶의 영상을 바꾸면 된다. 지금 당신의 삶이 불행하다면 과거에 좋지 않은 이미지들이 잠재의식에 새겨져 있어서 그런 것이다. 잠재의식 속의 영상을 바꾼다면 당신의 삶이 확 바뀌게 될 것이다.

초점
의식은 초점을 맞춰야 힘이 강해진다

정신을 모으면 못 이룰 일이 없다

정신일도하사불성精神一到何事不成. 왜 정신을 한 곳에 모으면 못 이룰 일이 없는가? 정신을 한 곳에 모으는 것은 지속적으로 초점을 맞추고 에너지를 집중하는 것이다. 돋보기로 초점을 맞추었을 때 불이 붙는 것처럼, 믿음과 영상에 지속적으로 의식을 집중 할 수 있으면 그 영상이 물질화 형상화된다. 카메라의 초점이 맞지 않으면 어떤 상인지 분간하기 힘들어진다. 초점이 잘 맞았을 때 정확한 상이 맺히고 인화되어 나왔을 때 '확실한 사진'을 얻을 수 있다.

마찬가지로 미래의 상이 당신의 의식 안에서 초점이 정확히 맞춰져 있으면 그대로 뚜렷하게 현실에서 실현되어 나온다. 의식이 지속적으로 하나의 일에 초점을 맞추고 있으면 그것이 현실에 나타나게 된다. 또한 영상이 세세할수록 집중도가 높아지고 이루어질 확률이 높아진다.

돌탑을 쌓을 때 정신을 집중하지 않고 아무렇게나 계속 돌만 얹어 놓는다면 무너지고 또 무너질 것이다. 돌탑을 잘 쌓을 마음이 있다면 정신을 집중하면서 지속적으로 돌탑이 쌓여 나가는 것을 무의식중에 영상화시킬 것이다. 또한 의식 안에서 돌탑이 무너지는 영상을 떠올리면 잘 쌓을 수 없고 무너지기만 할 것이다.

다시금 자신을 추슬러야 한다. 정신일도 하고 있는가, 아니면 정신을 여러 곳으로 분산시키고 있는가? 정신을 가장 잘 모을 수 있는 일은 내가 흥미를 가지고 있는 일이다. 흥미나 재미가 있다면 누가 시키지 않아도, 주변이 산란해도 정신을 집중하게 된다. 마음이 두 가지, 세 가지로 분산되어 있다면 에너지를 그 만큼 한 곳으로 쏟지 못할 것이다. 에너지를 한 곳에 집중해야만 힘이 생긴다. 당신이 진정으로 원할 때 자연스럽게 정신이 모아지고 원하는 일을 이루게 된다.

의지부리는 것은 지속적으로 초점을 모으는 일

청주에서 서울로 가려고 길을 나섰다. 조금 가다가 시내에서 벌써 길이 막힌다. "에이 그만 돌아가야지" 하고 돌아서면 절대 서울에 갈 수 없다. 길이 막히더라도 뚫리리라고 마음먹고 가다가보면 언젠가는 서울에 가 있을 것이다. 포기하지 않으면 언젠가는 된다는 이야기다. 서울에 가 있는 사람은 지속적으로 의식 안에 서울에 가 있는 모습을 떠올린 사람이다. 하지만 가지 못한 사람은 서울에 가는 이미지가 흐리거나 가다가 돌아서는 이미지가 의식 속에 있었던 사람일 것이다.

　아메리카 인디언이 기우제를 지내면 반드시 비가 온다고 한다. 그것은 그들이 '비가 올 때까지' 기우제를 지내기 때문이라고 한다. 그들은 비가 오리라는 믿음을 가지고(비가 오는 영상을 떠올리면서) 기우제를 지낼 것이다. 이 정도의 의지만 있으면 못 이룰 일이 있겠는가. 의지가 없다면 열망도 없는 것이다. 이렇게 하나의 일에 대해서 지속적으로 의지를 부리고 있다면 초점을 계속 맞추고 있는 것이며 언젠가는 일이 이루어질 것이다. 초점을 얼마나 잘 맞추느냐가 일의 빠르고 늦음을 좌우하는 것이다.

인과

모든 것은 인과에서 벗어나지 못한다

인과의 법칙

인과因果란 원인因과 결과果를 말한다. 모든 것이 인과의 법칙 안에서 생겨난다. 콩 심은데 콩 나고 팥 심은데 팥 난다. 콩 심은데 팥이 나지 않는다는 말이다. 모든 결과에는 원인이 있다. 어떤 원인을 심느냐에 따라 맺어지는 결과가 다르다. 지금 현재는 과거에 심어놓은 씨앗의 결과물이면서 또한 미래에 대한 원인이 된다. 지금 현재를 보면 과거에 심어 놓은 원인을 알 수 있듯이, 지금 내가 어떤 원인을 심느냐에 따라 미래의 결과가 달라진다. 당신은 지금 어떤 원인을 심고 있는가?

당신이 미래를 암울하게 생각하고 떠올릴수록 그것이 원

인이 되어 미래의 결과는 그렇게 맺어질 것이다. 지금 현재 당신의 미래를 확정하라. 당신은 당신의 미래가 어떤 모습이었으면 좋겠는가? 당신이 좋아하는 미래를 지금 꿈꾸어라. 그렇게 되리라고 믿어라. 그렇게 되기 위해서는 그렇게 떠올려라.

이것을 기억하라. 지금 현재는 과거에 당신이 한 행위에 의해서 만들어진 것이고, 미래의 결과는 지금 당신이 어떻게 하느냐에 따라 그 모습이 달라진다. 또한 현재는 과거에 당신이 어떤 영상을 떠올렸는가에 의해서 만들어진 것이고, 미래의 결과는 지금 당신이 미래에 대한 어떤 영상을 가지고 있는가에 따라서 달라진다. 과거는 잊어라 현재가 중요하다. 지금 희망찬 미래를 떠올려라. 그러면 미래의 결과가 그렇게 맺히게 될 것이다.

아니 땐 굴뚝에 연기 나지 않는다
당신의 의식에 있지 아니한 것은 현실로 나타나지 않는다. 현실은 잠재의식에 의해서 나타나는 현상이기 때문이다. 전혀 의식하지 않은 것은 현실로 나타나지 않는다. 당신이 원하지 않는 일이 일어날 수 있을까? 답은 '그렇다'이다. 당신이 어떤 일을 지속적으로 두려워 할 때에 의식에 깊이 박히면서 그것이 에너지를 얻어 현실로 나타날 수도 있다. 이것도 또한 당신의 의식에 의해서 일어나는 현상이다. 당신에게 불리한 일들도 유리한 일들도 모두 당신의 의식에 의해 일어난다. 어느 이미지든지 거기에 자꾸 집중하여 에너지가 가해지면 분명히 현실로 나타나게 되어 있다. 아니 땐 굴뚝에 연기 나지 않는다.

대가를 지불해야 한다는 생각

우리는 물건을 살 때에 돈을 지불한다. 무언가를 얻을 때 대가를 지불해야 하는 것이다. 어떤 것이든 얻으려고 하면 대가를 지불하지 않으면 얻기가 힘들다. 하지만 그 대가를 잘 지불해야 한다. 대가가 클수록 쉽게 얻을 수 있다는 생각을 하게 되고 그런 마음을 먹게 된다. 이런 생각들이 일을 벌이는 것이다. 일이 바쁜데 그냥 쉰다고 하면 그 말을 들어줄 수 있겠는가? 그러면 그 방법을 찾는다. 예를 들면 다치거나 주변에 무슨 일이 일어나서 쉬게 되는 등의 일들이 생겨난다. 당신은 앞으로 그런 일들을 벌이지 말아야 한다. 어떤 일을 이루기 위해서 부정적인 커다란 대가를 치루는 일들 말이다.

많은 사람들이 원하는 바가 간절할 때 이렇게 생각한다. '이 일만 이루어진다면 어떻게 돼도 좋아'라고. 그러면 이루려는 일과 뭔가 좋지 않은 일을 맞바꾸면서 일을 이룬다. 그러면 일이 더 잘 이루어지는 것은 분명하다. 마치 다른 사람에게서 무언가를 얻으려고 할 때 그냥 달라고 하면 스스로도 수긍이 가지 않지만, 그와 상응하는 어떤 대가를 주면서 바꾸자고 하면 쉽게 얻을 수 있는 것처럼 말이다. 지금부터 당신은 부정적인 일을 벌이지 말아야 할 것이다. 이 모든 것이 당신의 마음에서 이루어지는 일들이다. 원인이 없이 생겨나는 일은 없다. 좋은 방법으로 일을 이루도록 하라.

모든 것은 필요에 의해서 발생한다

이 세상의 모든 일은 필요에 의해서 생긴다. 병이 나는 것도 마찬가지다. 인체에는 지금 이 순간에도 수 없이 많은 병원균이 들락거린다. 하지만 어떤 때는 병이 나고 어떤 때는 병이 나지 않는다. 일반적으로 보면 면역력이 약해져서 라고 말할 수도 있다. 그런 이유는 두 번째다. 첫 번째 원인은 피곤해서 당신이 쉬고 싶다는 이유에서 일 것이다. 자신의 몸에서 일어나는 일만 그런 것이 아니고 상대가 있는 상황들도 마찬가지다. 내가 무엇이 필요할 때 예기치 않게 어떤 일이 일어나면서 그것이 이루어지는 일들이 수도 없이 많다. 이는 필요에 따라 모든 일이 발생한다는 이야기다. 당신의 필요에 의해서 당신 주변의 일들이 일어난다. 모두 당신이 배치하는 것이다.

만약에 어떤 사람이 외도를 하고 싶을 때 그 핑계거리를 찾게 되기도 한다. 배우자가 바람을 핀다든지 뭔가 좋지 않은 일을 벌이게 된다. 그러면 그는'너도 그랬으니까 나도 그렇게 하겠다.'또는 '정말 못 살겠다.' 하면서 핑계를 대고 외도를 할지도 모른다. 하지만 사실은 배우자의 행동에 의해서 그 사람이 외도를 하는 것이 아니라, 그가 외도를 하고자 핑계거리를 배치하는 것이다. 그러면서 '저 사람 때문에 그렇게 됐어'하고 말한다. 이렇게 핑계거리를 저지르고 일을 이룬다면 스스로 미안함이 덜 할 것이다. 그런데 어쨌든 그 결과는 자신 스스로가 받게 된다.

당신이 바란 것이 무엇이었나를 알려면 당신에게 온 결과를 알면 된다. 다른 사람의 행동이나 상황은 상관하지 말고 당신이 그 일에서 무엇을 얻었는가를 보면 알 수 있다. 만약 당신이 병이 났을 때 당신이 얻은 것이 무엇인가? 가기 싫은 모임에 안 가게 됐다든지 다니기 싫은 직장을 그만두게 되었다든지 하는 것이다. 다른 상황들도 마찬가지다. 일어나는 일들을 차치해 놓고 그 상황에서 당신이 무엇을 얻었는가를 보면 당신에게 어떤 필요가 있어서 그런 일이 일어났는지를 알 수 있다.

이 세상의 모든 것은 거기에 있을 필요성이 있어서, 다른 말로 하면 꼭 거기에 있어야 하므로 있는 것이다. 그 이유는 당신의 마음이다. 당신의 마음은 지속적으로 잠재의식과 타협하며 그 필요성에 의해서 일을 발생시킨다.

외부에서 답을 찾으려고 하면 찾을 수 없다

당신 인생의 답을 외부에서 찾으려고 하면 찾을 수 없다. 항상 '저것 때문에 이렇게 됐어. 그것 때문에 이렇게 됐어' 하고 원인을 밖에서 찾는다면 절대로 답을 찾을 수 없다. 절대 바뀌지 않는다는 말이다. 밖이 바뀌지 않는다면 당신이 어떻게 그 상황을 바꿀 것인가? 모든 원인은 당신에게 있다고 생각하고 당신을 바꿔라. 당신의 마음을 바꾸고 행동을 바꿔라. 그러면 바뀌기 시작한다. '저 사람 때문에, 그 사람 때문에' 하고 핑계만 대다가는 거기에서 헤어 나오지 못한다. 천주교에서 실시하고 있는 '내 탓이요' 운동은 이런 인과의 관계를 적확하게 꿰뚫은 것이다.

제일 중요한 것은 당신의 마음이 바뀌어야 하는 것이다. 마음이 바뀌면 행동이 바뀌고 현실이 바뀌게 된다. 모든 것은 당신에게 달려있다. 당신이 주체라는 것이다. 저 사람 때문에 나의 인생이 이렇게 됐다고 하는 것은 핑계에 불과할 뿐이다. 당신 삶의 주체는 항상 당신이기 때문이다. 당신 인생에서 당신이 원인이 되지 않은 일은 없는 것이다.

모든 현상의 이면에는 이치가 존재한다

우리 앞에 나타나는 현상들이 있게 하는 이치는 반드시 존재한다. 어떤 일을 있게 하는 이유가 분명히 있다는 말이다. 과학 실험은 그 원리나 이치를 가지고 실행된다. 원리나 이치가 있으므로 해서 실험 결과가 그렇게 맺어지는 것이다. 지금 비가 오고 있다면 비가 오게 되는 조건이 갖추어져서 비가 오는 것이다. 우리의 삶도 마찬가지다. 어떠한 상황이 생겼을 때 단지 어쩌다 우연히 생긴 일이라고 생각하겠지만 반드시 그 이면에는 그 일이 생기게 된 원인이 있다. 그것이 의식이다. 의식이 원인인 것이다.

우리는 믿음이 만들어낸 세계에 살고 있으며 그 믿음은 바로 잠재의식이다. 잠재의식이 떠받치고 있는 세상에 우리는 살아가고 있다. 잠재의식이 현상을 만들어내는데 이것이 곧 현실이다. 잠재의식은 현실로 나타나고 현재의식이 그 현실을 바꾸는 것이다. 세상을 만드는 깊은 의식은 고정되어 있지만 유동적이다. 바뀔 수 있다는 말이다. 그것은 내 의지가 바꿀 수 있는 것이다. 그것은 지금 이 순간이다.

현실은 동전의 양면과 같다

동전은 앞면이 10원이면 뒷면도 10원이고, 앞면이 100원이면 뒷면도 100원이다. 당신이 무언가를 믿고 있다면(앞면)

그 믿음과 다르게 나타나지 않는다(뒷면). 당신이 자신을 '우유부단한 사람'이라고 믿고 있다면 당신은 우유부단한 사람으로 살아갈 것이다. 당신 자신이 우유부단한 사람이라고 믿고 있는데 당신은 항상 맺고 끊는 게 확실하다면 말이 되겠는가? 그 우유부단함은 당신 혼자서만 생각하고 겪는 것이 아니다. 주변의 상황들이 모두 동원되어 당신이 우유부단하다는 믿음을 확인시켜 줄 것이다. 당신이 이 세상과 동떨어져서 살아가는 것이 아니기에 어떤 일이든 주변의 모든 것과 연관을 가지고 있다. 당신 스스로를 냉철한 사람이라고 믿는다면 또 그렇게 살아갈 것이다.

동전의 양면처럼 당신의 믿음은 그대로 현실이 된다. 철썩같이 믿었는데 사기 당했다. 이런 일은 없다. 당신의 마음속에 그 사람에 대해 부정적인 어떠한 마음이 있었기에 그것이 현실로 실행되는 것이다. 그 원인은 당신의 필요에 의해서다.

마음
모든 것은 마음 한 끝에 달렸다

저울은 무거운 쪽으로 기울어진다

저울을 달 때 오른쪽과 왼쪽이 무게가 똑 같다면 어느 쪽으로도 기울어지지 않는다. 하지만, 오른쪽이 더 무겁다면 오른쪽으로 기울어질 것이다. 우리의 마음도 마찬가지다. '하고 싶다.'와 '하고 싶지 않다.'라는 마음이 있을 때 둘 중에 더 강한 쪽으로 기울어진다.

어떤 일을 이루는 방법은 하고 싶은 마음을 키우든지, 하고 싶지 않은 마음을 없애든지 둘 중에 한 가지다. 하고 싶지 않은 마음이 큰데도 하려고 한다면 반드시 실패하고 말 것이다. 하고 싶은 마음이 더 크다면 하고 싶은 쪽으로 일이 되어간다. 마음은 저울처럼 무거운 쪽으로 기울어지기 때문이다. 먼저 마음정리를 하라. 진짜로 이 일을 이룰 마음이 있는가. 그것을 방해하고 있는 마음은 없는가를 살펴서 마음정리를 하라. 마음 정리가 이루어지면 정리된 대로 이루게 된다.

예를 들어보자. 어떤 사람이 겉으로는 사랑하는 사람과 결혼하기를 바라고 있다. 그런데 그는 애인이 알고 있는 바와는 다르게 가난한 사람이다. 결혼하고 싶을 정도로 사랑은 하지만, 본인이 가난한 것을 상대방이 아는 것도 꺼려지는 일이다. 당신이라면 어떻게 하겠는가? 둘 중에 어느 것을 선택하겠는가? 결혼할 마음보다 가난한 것을 상대방이 알게 될까 두려워하는 마음이 크다면 결혼은 물 건너간 일이다. 하지만 가난한 것이 탈로 나는 것을 감수하고라도 결혼하겠다는 마음이 더욱 크다면 결혼이 성사되는 쪽으로(모든 상황이 다 결혼이 성사되는 쪽으로) 기울어진다.

어떤 경우라도 결혼하겠다는 쪽으로 마음이 기울어지면 상대방이 적극적으로 나오든 상대방의 가족들이 적극적으로 나오든 간에 결혼이 이루어지는 쪽으로 되어나간다. 하지만 결혼하는데 꺼려지면 여러 가지 일이 꼬이면서 결혼이 이루어지지 않는 방향으로 흘러간다.

당신이 무엇이든 정말로 하고 싶다면 그 꿈은 반드시 이루어진다. 하지만 꿈을 이루기 힘든 사람들의 대부분은 진실로 원하지 않거나, 겉으로는 원하는 것 같아도 그것을 가로막고 있는 속마음이 있다. 하고 싶다는 마음이 더 크면 거기로 기울어진다. 하고 싶지 않다는 마음이 더 크면 또 거기로 기울어진다. 부정적인 마음을 100% 없애지 않아도 된다. 하고 싶지 않다는 마음보다 하고 싶다는 마음이 더 크면 일은 이루어지는 것이다. 하지만 부정적인 마음이 크면 클수록 일을 이루기도 힘들고, 일이 이루어진다고 해도 여러 가지 난관에 부딪히고 만다. 일이 꼬이는 것이다.

모든 일은 조건이 갖추어져야 일어난다

당신이 담배를 피우려고 할 때 당신에게 담배와 라이터가 없다면 당신은 어떻게 담배를 피울 것인가? 주변에 담배 가게가 없어서 담배를 살 수 없다면 피우지 못하게 되고, 담배 가게는 있지만 돈이 없어도 담배를 피우지 못하게 될 것이다. 지나가는 사람에게 담배를 빌리려고 하지만 그 사람이 담배가 없다면 못 피울 것이고, 담배는 있지만 불이 없다면 그래도 담배를 피우지 못 할 것이다. 라이터는 있으나 가스가 다 떨어졌다면 그래도 담배를 피우지 못하게 될 것이다.

이렇듯이 어떤 일이 일어나려면 모든 상황이 완벽하게 갖추어져야 한다. 일 하나가 일어나기 위해서는 바늘 하나 빠져 나갈 틈 없이 모든 것이 다 갖추어져야 한다. 그 조건의 중심에는 마음이 있다. 어떤 일이 일어나기 위해서는 당신의 마음이 관여하여야 하는 것이다.

힘들어서 정말로 쉬고 싶은데, 정당한 방법으로 쉴 수 없다면 마음은 그 방법을 찾는다. 위에서 교통사고를 예로 들었지만 어떤 일로 인하여 쉬게 될지는 모른다. 잠재의식은 그 방법을 찾는다. 그러기에 앞서서 무언가 열망하고 있을 때는 그 방법을 본인이 찾아서 어떻게 하겠다고 마음을 먹어야 한다. 마음정리를 해야 하는 것이다. 그리고 좋은 쪽으로 이루는 모습을 영상으로 떠올려주면 된다.

당신에게 일어나는 어떤 일의 조건에는 항상 당신의 마음이 있어야 한다. 당신의 마음이 빠져 있다면 그 조건이 갖추어지지 않기에 일이 일어나지 않는다. 긍정적으로 마음정리를 하라. 당신이 돈을 많이 벌고자 한다면 돈을 가져다 줄 사람을 만난다든지 돈을 벌 일을 만나게 된다. 사랑을 원한다면 사랑할 사람이 다가오게 된다.

당신을 막을 수 있는 건 오직 당신뿐이다

큰 스님과 작은 스님의 대화에 관한 일화이다. 작은 스님이 큰 스님에게 "제 몸속의 속박을 풀어주십시오." 하고 말하였다. 큰 스님이 "누가 너를 묶어놓았느냐?" 하고 말하니, 작은 스님이 "아무도 저를 묶어놓은 사람은 없습니다." 하고 대답하였다. 큰 스님이 "너 밖에 너를 묶어놓을 사람은 없다."고 말한다.

당신은 어떤 일이든 이룰 수 있다. 이 세상에 당신을 묶어놓을 사람은 없다. 단지 당신 스스로가 자신을 묶는 것이다. 무엇으로 묶는가? 그것은 당신의 마음이다. 잠재의식에 묶여서 이것은 이래서 안 되고 저건 저래서 안 된다는 마음가짐이다. 어떤 삶이건 간에 자신을 막는 것은 자신이기에 마음을 잘 정리하고 다스리면 하고자 하는 일을 반드시 이룰 수 있다.

하늘은 스스로 돕는 자를 돕는다

'하늘은 스스로 돕는 자를 돕는다.'라는 말이 있는데, 스스로 돕는다는 것은 무슨 뜻일까? 내가 나를 도와야 한다는 말이다. 만약 어떤 일을 할 때 '나는 할 수 없어'라는 마음을 가지고 있다면 어떻게 되겠는가? 또 '나는 참 못 난 놈이야' 하는 마음을 가지고 살아간다면 어떻겠는가? 스스로 자신감을 떨어뜨리는 이런 생각들은 행동에 큰 영향을 준다. 이것은 스스로 돕는 것이 아닌 스스로 훼방 놓는 일이다.

'나는 할 수 있어', '나는 참 잘 난 놈이야' 하고 생각한다면 스스로 자신감도 생기고 일도 더 잘 된다. 이것이 스스로 돕는 것이다. 남에게도 칭찬을 하고 격려해주어야 하는데 내가 나에게 훼방 놓아서야 되겠는가? 나를 돕는 최상의 방법은 잠재의식을 좋은 쪽으로 바꾸거나 좋은 쪽으로 의지를 부리는 것이다.

하늘은 단지 도와 줄 뿐이다. '나는 할 수 있어' 하고 생각하며 스스로를 부추긴다면 하늘은 '그래 그렇게 해봐라'고 할 것이다. '나는 절대 못해' 라고 스스로 자포자기를 한다면 하늘은 또 '그래 그렇게 해봐라'고 할 것이다. 어느 것이 스스로 돕는 것인가? 하늘은 단지 부정이든 긍정이든 간에 그것을 도와줄 뿐이다.

과거, 현재, 미래
과거, 현재, 미래는 모두 바꿀 수 있다

과거, 현재, 미래 모두가 유동적이다

과거, 현재, 미래 중에 사람들이 가장 확고부동하다고 생각하는 것은 과거이다. 과거는 이미 일어난 일이기에 변할 수 없다고 생각한다. 가장 유동적인 것은 미래이다. 미래는 아직 오지 않았기에 어떻게 나에게 올지 모르는 아주 유동적인 것이기 때문이다. 현재도 겉으로 보기에는 아주 고정적이다. 하지만 현재도 유동적이다. 현재 내가 손을 어디로 뻗느냐, 발길을 어디로 돌리느냐, 운전대를 어느 쪽으로 돌리느냐 등에 따라 달라지기 때문이다.

그렇다면 확고부동하다는 과거는 어떨까? 과거도 유동적이다. 왜냐하면 현재가 곧바로 과거가 되기에, 현재가 어떻게 변하느냐에 따라서 과거는 모습이 달라지기 때문이다. 그러므로 과거, 현재, 미래가 모두 유동적인 것으로 고정불변하지 않다. 바꾸려고 마음먹는다면 반드시 바꿀 수 있는 것이다.

현재에 미래를 만들고 현재가 흘러가 과거가 된다

사람들은 대부분 어제나 그저께, 1년 전 등 어느 정도 지난 시간들만을 과거라고 생각한다. 하지만 과거라는 것은 현재 지속적으로 만들어지고 있는 것이다. 지금 이 시점이 계속해서 과거가 된다는 생각은 하지 않는다. 지금 이 시점은 미래가 현재로 바뀌고 또 현재가 과거로 바뀌는 시점이다. 과거, 현재, 미래가 지금 이 시점에 파생되어 나온다. 그러므로 현재를 장악하면 과거와 미래도 장악하는 것이다.

당신이 지금 손을 오른쪽으로 뻗고 있다면, 손을 오른쪽으로 뻗기 전이 미래이므로 손을 뻗음으로써 미래를 만든 것이다. 또, 지금 현재 당신 스스로 행동한 것이므로 현재를 장악한 것이다. 그리고 그 현재는 과거로 흘러갔으므로 과거도 당신이 만들어낸 것이다. 현재 당신의 행동이 미래를 만든 것이고 그것이 과거가 된다. 그러므로 당신이 미래와 과거를 좌지우지 하는 것이다.

무엇에 의해서 당신의 운명이 달라졌다고 하지 말라. 당신의 지금의 행동에 의해서 당신의 미래, 현재, 과거는 결정지어진다. 당신의 삶을 어떻게 만들어 가겠는가?

과거, 현재, 미래는 영화필름과 같다
미래는 확정되어 다가온다

영화필름은 미리 제작되어 있다가 영사기에 들어가면 돌아가면서 불빛을 받으며 스크린에 비추어진다. 아직 불빛까지 오지 않은 필름이 미래이고 불빛을 지나는 필름이 현재, 이미 불빛을 지나친 필름은 과거라고 말해도 될 것이다. 만들어진 영화필름이 영사기 불빛을 통과하면서 스크린에 영상을 만들고 넘어간다. 우리의 삶도 이와 같다. 미래는 이미 영화필름처럼 잠재의식에 의해서 지속적으로 만들어지며, 그것이 현재에 비추어져서 현실을 만들고 그 필름은 과거로 넘어간다.

집을 나섰는데 어디로 가야할지 모른다면 당신은 오랜 시간을 이리저리 헤매게 될 것이다. 미래도 마찬가지다. 당신의 마음속에 미래가 불투명하다면 당신의 미래, 곧 당신에게 올 현재가 불투명해진다. 아무 생각 없이 사는 사람은 없다. 모두가 어떤 생각(미래든 과거든)을 하면서 살아간다. 하지만 그 그림이 확실하지 않을 때 당신의 미래는 우왕좌왕하게 될 것이다.

당신의 미래에 대한 확실한 그림은 그대로 당신에게 현재가 되어 올 것이다. 미래를 세세하게 확정하라. 필름을 찍듯이 확실하게 확정지어라. 두루뭉술하게 확정하게 되면 그런 삶을 살 것이다. 미래는 자신이 확정지어서 맞이하는 것이다. 그렇게 다가온 현재에 당신의 의지를 더해서 당신이 원하는 삶으로 이끌어가라.

　당신이 확정한 미래가 현재가 되어 나타나고 현재는 또 당신이 의지로 행동하여 바꿀 수 있다. 그렇게 바뀐 현재는 바로 과거가 된다. 첫째는 당신이 확정한 미래가 현재가 되고 둘째는 그렇게 확정되어 온 현재를 당신의 의지로 바꿀 수 있다. 셋째는 그것이 과거가 된다. 미래의 영상은 지금 수시로 바꿀 수 있다. 그것이 현재가 되고, 그렇게 다가온 현재를 당신의 의지로 또 바꾸어 나간다. 그것이 과거가 된다. 지금 현재 의지를 부려서 미래, 현재, 과거를 확정지어라.

PART **4**

삶을 변화시킨 사례들

앞의 이치들을 근거로 해서 기법을 적용시킨 결과 많은 사람들이 이전과 다른 새로운 삶을 살게 되었다. 다음 사례들은 나 스스로 또는 내담자를 변화시킨 사례들이다. 단 몇 주 만에 변화를 가져오기도 한다.

불임판정을 받은 주부가
한 달 만에 아기를 갖다

우리 수련원에 수련을 시작한지 며칠 안 되는 30대 중반의 주부가 있는데 항상 얼굴이 어둡다. 수련이 끝나고 이야기를 나누기 위하여 소파로 안내하였다. "무슨 걱정거리라도 있습니까? 얼굴이 어두우신데요." 하고 물으니, 결혼 4년차로 아직 아기를 갖지 못했다고 한다. 그 동안 병원에서 많은 방법을 써 봤는데 아기를 가질 수 없었고, 여러 가지 검사를 거쳐서 난소가 기능을 하지 못하여 99.9%(의사의 표현) 아기를 가질 수 없다는 판정을 받았다고 했다.

그녀의 얼굴에는 체념의 빛이 가득했다. 나는 이렇게 대답했다. "이 세상에는 우리가 알지 못하는 것이 너무나 많습니다. 병원에서 그들의 지식과 검사 도구를 통해서 나온 결론일 뿐입니다. 그렇지 않을 수도 있습니다." 하니까 그녀는 놀란 눈으로 나를 바라보았다.

상담을 통하여 아기 갖기를 진심으로 원하는가와 혹시 아기 갖기가 꺼려지는 마음이 있는가에 대하여 이야기를 나누었는데, 마음속에 아기 낳는 것을 두려워하는 마음이 크게 자리하고 있었다. 상담을 더 진행하여 마음이 세상을 변화시킨다는 믿음을 갖게 하였고 진심으로 아기 갖기를 바라는 마음을 키웠다. 그와 함께 아기를 가졌을 때와 아기 낳았을 때의 이미지를 마음에 세세하게 그리도록 하였다.

그녀에게 떠올리라고 주문한 이미지는 이렇다. 임신하여 초음파로 아기의 영상을 보고 있는 모습, 남편이 자신의 배에 귀를 가져다대고 아기의 소리를 듣는 모습, 아기를 낳아서 안고 젖을 먹이는 모습 등이다.

그렇게 여러 번의 상담을 거치고 이미지트레이닝을 하고 난 뒤 한 달 여가 지난 어느 날 낮에 그녀가 도장에 찾아왔다. 두 손에 뭔가 잔뜩 가지고 왔는데 나는 기분전환하려고 산책을 나온 줄 알았다. "바람 쐬러 나오셨어요?" 하고 물으니 병원에 다녀왔다는 것이다. 산부인과에 다녀왔는데 임신이라는 것이다.

기쁜 마음에 남편에게 전화했는데, 무슨 소리를 하는 거냐고 농담하지 말라고 하더라는 것이다. 그도 그럴 것이 병원에서 이미 불임판정을 받은 지 오래 되었으니 말이다. 몇 번에 걸쳐 정말로 사실임을 이야기하니 남편이 기뻐서 어쩔 줄 몰라 했다는 것이다. 또, 시집과 친정 식구들도 처음에는 믿지 못하다가 진실임을 알고는 기쁨을 감추지 못했다는 것이다. 두 손에 잔뜩 들고 온 것은 김 꾸러미로, 내게 감사의 표시로 가져 온 것이었다.

먼저 '마음정리'가 이루어지면 90% 이상 된 것이다. 그렇게 되면 일이 이루어지는 방향으로 선회한다. 그 뒤에는 미래의 영상에 에너지를 집중하기만 하면 된다.

15년간 바람피우던 남편이
3주 만에 가정으로 돌아오다

어떤 주부가 찾아왔다. 그녀는 우울증이 심한 상태였고 다짜고짜 하는 말이 자살하고 싶다는 것이다. 무슨 문제가 있느냐고 물으니, 결혼 한 지 15년 되었는데 남편이 신혼 때부터 지금까지 바람을 피운다는 것이다. 거기에 더해서 시집 식구들이 자신을 너무 못 살게 군다는 것이었다. 그의 삶이 얼마나 피폐한지를 가늠하고도 남는 말이었다.

남편이 가정으로 돌아온다면 좋겠느냐는 질문에, "그럼요" 하고 대답하였다. 내가 "그렇지 않으실 텐데요."하고 말하니, 그걸 원하지 않는 사람이 어디에 있느냐고 화를 내었다. 하지만 그 주부는 다음날 와서 "원장님 말씀대로 원하지 않습니다."라고 말하는 것이었다.

그녀의 가정 상황은 이러했다. 남편은 항상 바람피우느라 새벽에 집에 들어왔고, 조금 일찍 들어오는 날은 술이 취한 상태에서 아내와 아이들에게 소리를 지르고 못 살게 굴었다. 그래서 남편이 일찍 들어오는 소리가 들리면 아내와 아이들은 언제나 자기 방으로 들어가서 잠을 자거나 다른 일을 하는 척 한다는 것이다. 이렇게 힘든 상황을 15년간이나 겪어 왔으니 얼마나 고생이 많았을까.

상담을 시작하였다. 우선 마음과 믿음에 의해서 세상이 돌아가고 있다는 걸 이해시켰다. 그리고 남편을 원망하는 마음을 없애고 진정으로 남편이 가정으로 돌아왔으면 하는 마음을 가지라는 주문을 했다. 상담을 시작한지 며칠 후, 세상이 자신의 마음과 믿음에 의해서 이루어진다는 것을 이해하게 되었고, 얼마 지나지 않아 남편이 진정으로 자신과 가정으로 돌아오기를 바라는 마음을 가지게 되었다. 그 후, 다음 과정으로 남편이 가정으로 돌아왔을 때의 상황들을 최면 중에 가슴에 새기고, 평소에도 그런 이미지를 지속적으로 그려나가게 했다.

약 2주 후에 변화가 시작되었다. 그녀는 참 신기한 일이 있었다며 이야기 한다. 결혼 후 '처음'으로 남편이 군고구마를 한 봉지 사와서 아이들과 함께 먹었다는 것이다. 다시 일주일 후, 믿지 못할 일이 있었다고 하며 이야기 한다. 직장이 끝나면 남편은 항상 바람을 피우고는 새벽에 들어오는데, 퇴근 무렵에 전화해서는 시내로 나오라고 했다는 것이었다. 그날 저녁에 그녀는 시내에 나가서 남편과 함께 저녁 식사를 하고 생맥주 까지 한 잔 하고 돌아왔다는 것이다. 또, 시집 식구들이 자신을 대하는 태도가 많이 좋아졌다는 것이다. 마음을 바꾸니 정말로 그런 일이 일어나는 것에 대해서 신기해했다.

그 후, 그녀의 어머니가 편찮아서 그녀가 어머니를 돌보게 되어 상담하러 오지 못했는데, 나는 도장을 옮겼으며 전화번호도 바뀌었다. 약 6년여의 시간이 지난 어느 날 그녀가 전화를 걸어왔다. 지나다가 우리 도장을 발견하고는 전화를 한 것이다. 사실 그동안 도장의 상호와 전화번호가 바뀌어 연락을 할 수 없었으나, 지나가면서 보고 혹시나 하고 전화를 했다는 것이다.

도장을 찾아 온 그녀의 양 손에는 선물 꾸러미가 잔뜩 들려져 있었다. 그녀가 정성스럽게 직접 만든 것들이 대부분이었다. "요즘은 어떠십니까?" 하고 물으니, "힘들어요."라고 대답하는 것이었다. 그녀가 6년 전에 필자하고 상담한 후부터 지금까지 남편은 직장이 끝나면 곧바로 집으로 들어온다는 것이다. 매일 저녁밥 차려주는 것이 힘들다는 것이다. 예전에 비하면 정말로 행복한 고민인 것이다.

남편을 증오하는 마음은 남편을 거부하게 한다. 남편을 떠올리면 증오가 타오르는데 남편이 나에게로 오는 것을 자신이 좋아할 리 있겠는가? 이로 인하여 잠재의식은 남편이 지속적으로 바람을 피우게 만드는 것이다. 이렇게 해야지 계속해서 증오를 이어갈 수 있기 때문이다. 하지만 정말로 남편이 가정으로 돌아오기를 바라는 마음이 생기면 그 마음이 생기는 순간부터 상황은 변하기 시작한다.

 마음에도 관성이 작용한다. 증오하는 마음에 브레이크를 걸려 해도 금방 그렇게 되지 않는다. 증오하려고 하는 마음이 쉬 없어지지 않는 것이다. 세상은 동전의 양면과 같아서 계속 증오하고 있는 한 남편이 계속 증오할 만한 행동을 해야 한다. 그 증오심이 없어졌을 때 상대방이 증오 할 일을 하지 않게 된다. 반대로, 정말로 사랑한다면 상대방이 사랑스러운 행동을 계속 하게 된다. 주변 상황은 내 마음의 반영이기 때문이다.

폐인으로 살던 남성이 1주일 만에
활기차게 재기하다

3 0대 후반의 한 남성이 찾아왔다. 열린 문틈으로 고개만 들이밀고 "들어가도 됩니까?" 하는 것이다. 들어와서는 허벅지에 가슴이 닿을 정도로 몸을 앞으로 숙이고 소파에 앉아 팔과 머리를 비롯하여 온 몸을 심하게 떨고 있었다. "자살하고 싶습니다."가 그의 첫 마디 말이다. 사정 얘기를 들어보니, 사업에 실패하고 아내도 곁을 떠난 뒤 몇 년간을 작은 방 안에서 폐인처럼 살았다는 것이다. 마음이 불안하고 몸이 심하게 떨려 정상적인 생활을 할 수 없는 상태였다.

그 날 상담을 시작하고 모든 것은 자신이 만들고 자신이 하는 일이며 반드시 바꿀 수 있다는 것을 마음에 새겨주었다. 그것을 이해한 후, 자신이 스스로 미래를 만들 수 있다는 신념을 가지게 되었다. 또, 자신의 삶을 바꾸고 싶다고 마음을 다져먹고는 새 삶의 이미지를 가슴에 새기는 작업을 하였다.

그 다음 날, "어떻습니까?" 하고 물으니, 오전까지는 마음이 편했는데 오후가 되니 또 떨리더라는 것이다. 상담과 최면 속에서 영상그리기를 하고 돌아갔다. 또, 그 다음 날 물으니, 여기 올 때까지는 편했는데 올 때부터 또 떨리기 시작했다는 것이다. 그 다음 날, 그는 점잖은 모습으로 소파에 뚝 하니 앉아 있었다. "지금은 아주 편합니다."하고 그는 말했다. 어제는 서울에 계신 아버지가 자식이 걱정 되어 오셨는데, 정상적인 모습으로 맞이하는 자신의 모습을 보고는 깜짝 놀랐다는 것이다. 자식의 그런 모습을 보고 아버지는 기뻐하며 서울로 돌아가셨다고 한다.

총 5일째 상담과 이미지트레이닝을 끝내고 그 다음 주 월요일에 그는 전화를 해서 "취직을 했는데 업무 인수인계로 아주 바쁩니다. 바쁜 게 지나면 바로 찾아뵙겠습니다. 정말 감사드립니다." 하고 밝은 목소리로 말했다. 그렇게 그는 삶에 희망과 자신감을 가지고 이전보다 더 의욕적인 삶을 살아가게 되었다.

이것은 단 5일간의 상담과 이미지 새김으로 다년간 폐인으로 살았던 한 남자가 활기차게 재기 할 수 있었던 예이다. 제일 중요한 것은 누군가에 의해서 내 삶이 바뀌는 것이 아닌 내가 삶을 바꿀 수 있다는 믿음이고, 진실로 삶을 바꾸고자 하는 마음의 결정이다. 마음 정리가 되기 시작하면 삶은 바뀌기 시작한다. 현실은 내 마음의 청사진이 그대로 찍혀 나오는 사진과 같은 것이다. 지금까지 이유가 어때서 어려운 삶을 살았던 간에 당신이 그 삶을 바꾸자고 진실로 마음을 먹는 순간부터 변화는 찾아온다.

40년간 두려움의 대상이었던
남편을 2주 만에 길들이다

한 60대 주부가 결혼한 지 40년이 넘었는데 남편이 한 마디만 하면 기가 죽어 할 일도 못하는 처지로 산다고 한다. 밖에 나갈 일이 있어도 남편이 "어딜 나가!" 하고 한마디만 하면 주눅이 들어 나가지 못한다는 것이다. 중요한 일로 나가다가도 남편의 한마디에 나갈 엄두조차 내지 못하고 다시 들어오는 그런 생활을 하고 있었다.

남편은 그야말로 두려움의 대상이었다. 그 주부에게 그런 상황을 바꾸고 싶으냐고 물어보았다. "그럼요. 바꾸고 싶지요. 모임이 있어도 남편의 말 한 마디면 나가지 못해서 얼마나 힘든지 모릅니다." 하는 것이다. 이 주부에게 그런 상황을 바꾸기 원하는 마음을 확고하게 다지게 한 후, 이미지트레이닝을 하라고 권유해 주고 떠올릴 이미지를 세세하게 알려주었다.

약 2주의 시간이 지나고 나니 그 주부는 남편이 변했다고 이야기 한다. 요즘은 남편에게 어디 다녀오겠다고 하면 "응, 갔다 와"하고 부드럽게 대답한다는 것이다. 그래서 밖에 나오는 것이 아주 편해졌고 남편의 말투가 예전 같지 않게 부드러워졌다며 이런 날이 오리라고는 생각지 못했다는 것이다. 그 주부가 한 일이라고는 그런 상황을 바꾸고 싶다고 확실히 마음먹은 것과 내가 지정해 준 영상을 매일 시간 날 때마다 떠올렸던 것뿐으로, 단 2주 만에 40년 동안 묵었던 체증이 날아가 버린 것이다. 그 후 그녀는 두렵고 힘든 가정생활을 마감하고 행복한 가정생활을 이어가게 되었다.

이 주부에게는 극단적인 이미지를 처방해 주었다. 너무 오랫동안 굳어진 남편에 대한 두려움이 가벼운 이미지트레이닝으로는 변화되기 어렵다는 판단에서였다. 극단적인 이미지는 잘 사용하지 않는 것이지만 변화를 위해서는 할 수 없이 쓰기도 하는 것이다.(적용한 이미지는 공개해서는 안 된다는 판단으로 생략함.)

마음을 바꾸니 아기가 생기다

3
0대 주부가 찾아왔다. 결혼 3년 차로 아직 아기가 없다는 것이다. 병원에서 검사를 해봐도 남편이나 본인 모두가 아무 이상이 없다고 한다. 노력을 해봐도 아기가 생기지 않아 걱정 속에 살아가고 있었다. 상담해 본 결과 사정은 이러했다. 가까이 사는 시어머니가 거의 매일 집에 오거나 시어머니 집으로 불러서 결혼생활의 많은 부분에 관여를 한다는 것이다. 그런 상황이 너무나 불편했던 것이다. 그러니 아기를 낳으면 시어머니의 관여가 더욱더 심해질 것이 뻔한 일이었다.

이렇게 질문을 해봤다. "그렇다고 아기를 영영 갖지 않기를 바라나요? 어느 것을 선택하는 게 좋은가요?" 마음정리할 것을 주문한 후, 아기를 잉태하고 아기를 낳았을 때 얼마나 기쁠 것인가 생각하고 그 감정을 한껏 느껴보라고 했다. 당연히 온 몸으로 희열을 느낄 만큼 행복한 일이었던 것이다. 마음을 결정한 후 여러 가지 이미지를 떠올리라고 방법을 알려주었다. 그 후 몇 달이 지났다. 거리에서 그녀를 보았을 때 이미 임신하여 임부복을 입고 있었다. 또 한참이 지난 후에는 그녀가 유모차에 아기를 태우고 다니는 행복한 모습을 보게 되었다.

어떤 여인이 아기를 갖기를 싫어한다든지, 부담이 크다든지, 아기 낳기를 거부하는 마음이 있으면 뇌는 몸의 기관들에 명령을 보내게 된다. 그것은 자궁을 차게 한다든지 난소가 기능을 못하게 한다든지 등등으로 나타난다. 겉으로는 분명히 아기 갖기를 진심으로 바라지만 속에서 거부하는 마음이 크면 아기를 갖지 못하는 상황으로 진행시키게 되고, 그 장애가 없어지면 아기를 갖는 쪽으로 상황이 변하게 되는 것이다.

20여 년간 앓던 간질이 줄어들다

30대 후반의 남성이 찾아왔다. 간질을 앓은 지 20여 년이 되었으며 이틀에 한 번씩 발작을 한다고 한다. 그래서 약도 먹고 있었다. 상담을 하니 본인은 태어나면서부터 간질을 앓은 것이 아니고 누나가 간질을 앓고 있었다는 것이다. 어린 나이에 누나의 간질 발작을 보면 친구들과 함께 놀려대기 일쑤였다고 한다. 누나가 10대에 일찍 세상을 뜬 후에 본인의 간질 발작이 시작되었다는 것이다.

상담을 이어간 결과 그는 어렸을 때 병을 앓고 있는 불쌍한 누나를 놀린 것에 대해 큰 죄책감을 가지고 있었다. 그 결과 자신이 간질을 경험하면서 자책을 하고 누나에게 사죄를 대신하는 것이라는 결론을 내리게 되었다.

그에게는 최면 중에 누나를 떠올리고 진심으로 사과하게

하고, 좋은 곳에서 환하고 행복한 모습을 하고 있는 누나의 영상을 마음속에 새겨 넣었다. 또한 어린 나이에 한 행동들은 누나를 '진심'으로 놀린 것이 아니라는 생각을 갖게 된 후에 마음이 훨씬 가벼워지게 되었다. 그 후 그의 간질 발작은 일주에 한 번, 이주에 한 번, 그리고 한 달에 한 번 정도로 줄어들게 되었다. 그 후에 아쉽게도 그가 사이비종교에 빠져들어 상담하러 오지 않게 되었다. 하지만, 그는 간질에 있어서만은 그 원인을 알고 해소하였기 때문에 더 나아졌으리라고 확신한다.

과거의 잘못에 대하여 여러 가지 방법을 이용해서 스스로를 학대하면서 회개를 대신 하는 경우가 있는데, 이런 경우에도 본인이 일으키고 있는 줄을 모른다. 원인을 이해하고 마음을 바꾸게 되면 그에 따라 일어났던 현상들이 바뀌게 된다.

11살 차이의 아내와 결혼하다

도를 닦고 살겠다고 하다가 혼기를 한참 넘긴 나는 지인의 집에 인사를 갔다가 지금의 아내를 보았다. 나보다 11살 연하였다. 괜찮다 싶어 결혼하면 좋겠다는 생각을 가졌다. 그날 딱 한 번 만난 것이다. 명함을 주고 그 후 전화를 하거나 어떤 연락을 하지도 않았다. 단지 틈날 때마다 아내와 결혼하는 장면을 영상으로 그렸다. 몇 달 뒤 그녀가 전화를 해서 "오빠 저녁 좀 사주세요." 하는 것이었다. 두 번째 만나고는 급격히 관계가 좋아져서 결혼에 골인하게 되었다.

내가 떠올린 영상은 아주 세세하였다. 성당에서 결혼하는 모습을 떠올렸는데, 내 옆에 그녀가 서 있고 신부 부모 석에 아내의 부모님이 서있고, 신랑 부모 석에 우리 어머니가 계시는 영상이었다. 또한, 결혼식에 참석하는 내빈들의 얼굴도 세세하게 그렸고 내빈들에게 하나하나 감사의 인사를 드리는 영상들을 그려나갔다. 또 결혼반지를 주고받는 모습, 폐백을 드리는 모습등도 세세하게 그려나갔다. 미래를 내가 확정한 것이다. 그렇게 확정된 미래는 변하지 않는다. 미래가 나에게 오든 내가 미래로 가든 반드시 만나고야 만다.

마음만 있으면 반드시 이루어진다. 단지 얼마나 간절하고 강하게 염원하고 떠올리느냐가 늦고 빠름을 결정한다.

마음정리를 하니 병이 낫다

젊은 주부 하나가 찾아왔다. 이 주부는 결혼 전에 좋은 직장에 시험을 봐 합격하여 잘 다니고 있었다. 그런데 언제부턴가 몸이 아파서 근무하기 힘들어 병가를 냈다고 한다. 병가를 내고나서 양방, 한방 병원에 다니고 민간요법도 해보고 다방면으로 치료해 봐도 병이 더 나빠져서 이제는 퇴직하기로 결정을 내렸다는 것이다. 하지만 어려운 시험에 통과하여 잘 다니던 직장을 그만둬야한다는 생각과 가정의 경제를 생각하니 심적으로 고통이 이만저만이 아니라고 했다.

상담을 한 결과, 함께 근무하는 동료와의 불화로 직장에 나가기 싫어 병이 난 것으로 결론을 내렸다. 그녀는 원인을 알고 나니 마음이 가벼워졌고 직장에 다시 잘 다니겠다고 마음먹었다. 그 후 즐겁게 직장생활을 하는 모습을 이미지로 그려나갔다. 그리고 회사에 이야기하여 근무지를 옮기는 것으로 결정이 나니 병이 씻은 듯이 나았다. 지금 그녀는 복직하여 기쁘게 직장생활을 하고 있다.

전치태반을 돌려 자연분만 하다

아 내가 둘째를 임신 하였는데 어느 날 산부인과에 갔을 때 초음파를 확인하던 의사 선생님이 '전치태반'이라는 말을 전했다. 태반이 산도 가까이 있어 아기가 나오기 힘들고, 나올 때 태반을 찢고 나와야 되기 때문에 아기도 위험하고 산모도 과다 출혈로 위험하게 되니 수술을 해야한다는 이야기다. 다음에 올 때 수술 날짜를 잡자고 한다. 수술에 대해 부정적인 생각을 갖고 있던 나는 걱정이 되어 최면기법을 사용해 보기로 마음먹었다.

집에 온 후 다음 번 산부인과에 갈 때까지 아내에게 최면을 이용해서 태반이 위로 올라가고 아기를 자연분만으로 순산한다는 암시를 지속적으로 주었다. 그리고 아기를 자연분만으로 잘 낳아서 안고 있는 모습을 그리도록 하였다. 나도 또한 영상그리기 작업을 했다.

매일 이렇게 최면 중에 암시와 영상 그리기를 하고 산부인과에 갔다. 초음파 검사를 하는데, 의사선생님이 고개를 갸우뚱거리면서 "이상하네요. 제가 전에 봤던 것보다 태반이 훨씬 위로 올라가 있네요. 이 정도면 자연분만이 가능한데 그래도 더 지켜봅시다." 하는 것이었다. 집으로 돌아와서 다시 최면을 이용한 암시와 영상그리기를 한 후, 초음파 검사를 통해서 자연분만해도 된다는 의사의 결정에 따라 둘째를 자연분만으로 낳았다. 지금 그 녀석이 중학교 3학년으로 럭비부에서 열심히 운동하고 있다.

의식은 이렇듯이 인체에 영향을 준다. 아니, 정확히 말하면 의식은 상황을 원하는 방향으로 만들 수 있는 것이다.

PART 5

어떻게 해야 할까?

마음이 상황을 변화시킨다는 것을 이해하게 되면 이러한 이치에 대하여 믿음을 가지게 되고 당신은 믿는 바를 그대로 경험하게 될 것이다. 내가 뜻한 대로 이룰 수 있다는 믿음은 정말로 큰 힘을 가지게 한다. 운명에 휘둘려야만 하는 나약한 한 인간에서 운명을 자기 스스로 개척할 수 있는 개척자이자 삶을 창조하는 창조자가 되는 것이다. 세상을 창조한 절대자가 되라는 것이 아니다. 당신은 이러한 이치를 이해하게 되자마자 당신의 인생에 대하여 큰 자신감을 가지게 될 것이며, 그런 삶을 살아갈 수 있게 된다.

실제로 이치를 이해하지 않고서도 마음이 정리되면 변화를 가져온다. 하지만 당신이 그러한 믿음을 가지고 있다면 전쟁터에 나갈 때 불패의 무기를 가지고 가는 것과 마찬가지다.

원하는 바를 구체적으로
확정 지어라

마음이 상황을 변화시킨다는 것, 내가 나의 삶을 스스로 변화시킬 수 있다는 것을 이해하고 믿음을 가지게 되면, 이 토대 위에서 당신이 첫 번째로 해야 할 일은 원하는 바를 구체적으로 확정짓는 것이다.

예를 들면 결혼하고 싶다, 돈을 벌고 싶다, 여행가고 싶다, 여자 친구를 사귀고 싶다 등등은 구체적이지 못하고 두루뭉술해서 뜻을 모으기 쉽지 않다. '결혼하고 싶다'고 한다면 구체적으로 '어떤 사람과 언제 쯤 결혼하고 싶다'로, '돈을 벌고 싶다'는 '얼마 정도를 언제까지 어떤 방법으로 벌고 싶다'로, '여행가고 싶다'는 '언제쯤 어디로 누구와 여행가고 싶다'로' '여자 친구를 사귀고 싶다'는 '어떤 모습의 학생 또는 직장인 여자 친구를 사귀고 싶다'로 구체적으로 원해야 한다. 육하원

칙에 맞추어 구체적으로 원하는 바를 확정지으면 더욱 좋다. 구체적이라는 것은 원하는 바가 뜬구름 같지 않고 확실하다는 반증이기 때문이다.

마음정리를 하라(뜻 모으기)

마음정리란 뜻을 하나로 모으기 위한 확실한 방법이다. 평상시에도 마음정리를 하게 되면 상황들이 아주 깔끔해진다. 예를 들면, 어떤 사람과 사업을 하는데 그 사람과 함께 하면 이익이 많이 창출된다. 하지만 그 사람의 인간성이 좋지 않다. 이럴 경우 많은 사람들이 "저런 놈과는 아무것도 함께 할 수 없어" 하며 사업을 포기할지도 모른다. 당신은 어떻게 할 것인가? 그 사람이 싫지만 사업을 포기하는 것은 큰 손실을 가져오기에 꼭 함께 해야 한다면 마음정리가 필요하다. "나는 저 사람과 인간적인 관계로는 만나지 않겠다. 단지 사업 파트너로서만 만나겠다."고 마음으로 선을 긋는 것이다. 사업상은 함께 하지만 인간적으로는 만나지 않겠다는 것이다. 만날 부분만 가지고 만나다는 이야기다.

이렇게 마음에 정리가 되고 나면 상황이 깔끔하게 정리되어 어떤 일이 발생해도 흔들리지 않는다. 마음을 정리해서 다져먹었기 때문이다. 하지만 마음정리가 되지 않으면 마음에 걸리는 부분으로 인하여 수시로 망설이고 혼란을 겪게 된다. 행동방침을 정해 놓으면 상황이 깔끔해진다.

또, 어떤 모임에 가야하는데 가기 싫을 때, 마음정리를 하지 않으면 계속 망설이다가 잠재의식이 만드는 좋지 않은 일을 벌여서 안 가게 될 수도 있다. 이런 때는 "이번 모임에는 가지 않겠다. 어떠어떠한 핑계를 대고 가지 않겠다."라고 마음을 정리해 놓으면 깔끔하게 된다. 그렇게 마음을 먹는 것이다.

마음이 정리되지 않으면 상황들이 복잡하게 얽히게 되고 하고자 하는 일들이 꼬이게 될 확률이 높다. 모든 것은 나와 나의 타협이다. 내 안에서 정리가 끝나면 마음이 깔끔해지고 그것이 곧 현실을 깔끔하게 정리하는 방법이다.

당신 전체가 진정으로 원하는가?

무엇을 원할 때 가장 범하기 쉬운 오류는 겉으로만 그렇게 원하고 있는 경우다. 우리는 실제로 무엇을 원한다고 생각하지만 속마음은 그렇지 않은 경우가 많다. 당신 전체가 진정으로 원하는 것이 아닐 수도 있다는 말이다. 속마음이란 잠재의식을 말한다. 당신은 분명히 원하고 있다. 하지만 잠재의식에 의해서 방해를 받는다면 마음은 혼란을 가져온다. 일이 이루어지지 않거나 힘들게 꼬이는 상황을 만들어 낸다.

마음을 하나로 모으기 위해서는 이루려는 동기에 내 스스로 동의해야 한다. 나를 하나의 기업이라고 생각한다면 한 기업 안에서 의견이 모아져야지 사업을 잘 추진해 나갈 수 있다. 의견이 분분하여 뜻이 모아지지 않으면 어떤 사업이 되겠는가? 이와 같이 내가 무언가를 이루기 위해서는 내 스스로에게 설득하여 동의가 이루어져서 마음정리가 돼야 한다. 우선 아래의 사항들을 묵상하듯이 점검 할 것을 추천한다.

☑ 나는 왜 이 일을 이루려고 하는가?

☑ 나에게 이 일은 이룰만한 가치가 있는가?

☑ 이 일을 이루고 나면 무엇이 좋을까?

- 이룬 모습을 떠올려보라

위의 사항을 점점할 때 이루어진 결과의 모습을 떠올려 본다. 일이 이루어 졌을 때의 내 모습과 주변 상황 등을 세밀하게 떠올려 보면 그 상황이 되었을 때의 감정과 느낌을 알 수 있을 것이다. 그랬을 때 어떤 감정이나 생각들이 따라 나오는지 본다. 어떤 결과를 떠올리면 곧 바로 가슴이 답답해져 오면서 고개를 가로젓게 되는 경우도 있다. 원하는 것이 이루어진 모습을 떠올렸을 때 미소가 띠어지고 행복감이 밀려오면 그것은 자신과 맞는 것이며 속마음 까지도 진실로 원하는 것일 가능성이 높다.

부정적 반응이 있다면 자신과 타협하라

그 일이 이루어진 모습을 떠올렸을 때 부정적이 반응이 일어난다면 마음속에서 일어나는 감정을 잘 살펴보라. 어떤 감정이 거부하고 있는지를 말이다. 분명히 하고 싶은데 부정적인 감정이 있다면 그 원인이 있다. 그 감정의 원인을 이해하고 타협하라. 모든 것은 나와 타인의 타협이 아니다. 나와 나의 타협이다. 당신을 묶어놓을 사람은 당신밖에 없기 때문이다. 타협이 이루어졌을 때 에너지가 모아지고 현실에서 실현되게 된다.

타협하는 방법은 다음의 방해요소들을 찾아서 이해하고 보완하면서 원하는 일을 꼭 이루어야 하는 당위성을 자신에게 납득시키는 것이다. 스스로 당위성을 납득하게 되면 그만큼 의지를 더 강하게 갖게 된다.

☆ 원하는 걸 방해하는 요소들 점검리스트

> **Q** 원하는 것을 이룰 마음의 준비가 되어 있는가?
> (나에게 너무 과하다는 생각)

예1) 승진을 원하지만 스스로 능력이 부족하여 그 직책을 잘 해낼 수 있을까라는 생각이 잠재되어 있을 때이다. 이런 생각이 크면 승진이 잘 되지 않는다.

예2) 학위 논문이 통과되었으면 하고 바라지만 자신의 논문이 자격을 갖추지 못 했다고 생각되는 경우.

해결책) 이럴 경우에도 마음정리를 하여 자신에게 납득시켜야 한다. 처음부터 능력이 있는 사람이 있을까? 과장 승진자 중에 이전에 누가 과장이 되어 본 사람이 있나? 맡기면 다 해내게 되는 거지. 능력을 갖추도록 노력하자. 또는 자신의 자질이 충분함을 암시하고 잘 해내는 모습을 적극 이미지 화 한다.

> **Q** 일이 이루어졌을 때 자신 또는 타인(특히 가까운 사 람)에게 손실을 가져온다고 생각되는가?

예) 아기를 갖기를 원하지만 남편과의 관계가 좋지 않아 혹시 이혼이라도 할 경우 아이와 자신이 더 불행해 질 것을 염 려할 때

해결책) 우선 남편과의 관계를 좋게 만든다. 이 기법을 이용하 여 남편과의 관계가 좋아 지는 것을 먼저 이루고 나면 자 연스럽게 아기를 갖게 될지 모른다. 또는 아기를 갖게 되면 자연스럽게 남편과의 사이가 좋아질 것이라고 마음을 먹는 것이다. 마음이 타협을 하지 못하면 되지 않는다.

> **Q** 원하는 바와 다른 상반되는 바를 동시에 원하여 둘이 상충되지는 않는가?

예1) 살빼기를 원하지만, 잘 먹어야만 건강해진다는 마음이 자리하고 있어서 살빼기가 되지 않는 경우. 살을 빼고 싶은 마음과 잘 먹어야 된다는 마음이 상충되는 경우.

예2) 위장병으로 고기 등 음식을 잘 먹기를 원하지만 고기 먹는 것이 건강에 좋지 않다고 생각하여, 위장병이 나아 음식을 잘 먹었으면 좋겠다는 마음과 건강하기를 바라는 마음이 상충되는 경우

해결책) 먹으면서 살빼기 할 수 있는 방법을 찾는다. 또는 둘 중에 중요한 것을 먼저 이루고 나서 다시 절충한다.

> **Q 본인의 가치관에 위배되지는 않는가?**

예1) 돈이 많이 벌려야 한다고 생각하지만, 속으로 당신은 욕심 없는 순수한 사람이라고 믿고 있는 경우. 원하는 바도 욕심이라고 생각하는 순간 당신은 딜레마에 빠진다. 이런 사람은 돈이 벌려도 욕심을 버리지 못했음을 한탄한다.

예2) 결혼은 해야 하지만 어렸을 때부터 보아왔던 부모의 결혼 생활이 불행하게 생각되어 '결혼은 행복 한 것이 아니다'라는 결혼에 대한 부정적인 고정관념이 깔려 있어 계속해서 결혼에 골인하지 못하는 경우

예3) 돈을 많이 벌고 싶지만, 돈이란 피땀 흘려서 어렵게 벌어야만 한다는 마음이 깔려 있어서 어렵게 조금씩 돈이 벌리는 경우

해결책) 돈을 많이 벌어도 내 욕심만 채우지 않겠다고 다짐한
다. 돈을 벌어 어려운 사람도 돕겠다고 마음먹으면 욕심에
대해서 한결 마음이 가벼워진다. 또 부모의 입장과 내 입장
은 다르기에 '나는 결혼생활을 잘 해내겠다', '결혼생활은
충분히 행복할 수 있다'고 마음먹고 그런 영상을 박아 넣는
다. 그 원인을 먼저 중화시켜야 한다. 행복한 결혼생활을
하는 사람을 찾아보고 그들을 모델로 삼으면 결혼에 대한
부정적인 마음이 바뀔 수도 있다.

> **Q 가정환경의 영향으로 부모를 따라가려는 습성을
> 가지고 있는가?**

예) 오랜 경제적 어려움이나 부모의 부부관계, 부모의 학대 등
어렸을 때 겪었던 일들이 자동적으로 학습되어 그런 삶을
따라가게 되는 경우, 바꾸고 싶어도 학습된 대로 지속하려
는 습성을 가지고 있어 변화되기 어렵다.

해결책) 내 삶에서 부모와 닮은꼴은 무엇인가? 그것도 부정적인
닮은꼴은 무엇인가를 살펴본다. 그런 부분이 있다면 대부분
부모에게 학습 된 대로 삶을 따라가고 있는 것이다. 예를
들면 부모와 똑 같이 남편에게 지속적으로 학대를 받는 경
우도 있다. 이럴 때는 부모와는 다른 삶을 살겠다고 크게
다짐하고 부모와는 다른 좋은 환경을 꾸리고 살아가는 모
습을 지속적으로 영상에 박아 넣는다.

다짐을 할 때 잠재의식과 떨어뜨려 하는 것이 중요하다. 우리는 알게 모르게 잠재의식 내에서 무언가를 하는 것이 습관이 돼버렸다. 진실로 마음을 확고히 하고 정말로 그렇게 하겠다고 다짐한다. 의지를 부릴 때 부정적인 잠재의식의 영향은 줄어든다. 한 번이 아닌 지속적인 다짐이 필요하다. 또 그런 모습을 지속적으로 떠올린다. 그 느낌에 젖어 들어야 한다.

부모의 삶은 부모의 삶이고 내 삶은 내 삶이다. 부모를 따라 갈 필요는 없다. 뒤의 '잠재의식의 싹에 물을 줘라'에서 암시하는 방법 중에 외치는 방법으로 "그렇게 하겠다."고 강력하게 다짐하는 방법을 쓰면 좋다.

Q 원하는 바에 두려움을 가지고 있지는 않는가?

예) 아기를 갖기를 원하지만 임신중독을 앓은 적이 있어 두려움이 커서 속으로 임신하면 안 된다는 마음이 있을 경우

해결책) 이런 트라우마는 없애기가 쉽지 않다. 아기를 아무 문제없이 잘 나을 것이라는 암시와 그런 영상을 지속적으로 박아 넣는다. 아기를 아무 탈 없이 순산하는 모습, 아기를 안고 웃으며 젖을 먹이는 장면이나 가족들이 모두 축하해주는 행복한 모습을 지속적으로 떠올리는 것이 중요하다. 그렇게 하면 출산에 대한 두려움이 많이 소거되고 아기를 낳고자 하는 마음이 커진다. 의지가 필요한 부분이다.

Q 스스로가 어그러진 마음을 가지고 있는가?

예) 병을 앓고 있어 병이 나아지기를 바라지만, 자신에게 잘못을 가한 부모를 원망하는 마음에 병이 계속되는 경우. 병든 자신을 바라보며 부모가 애타는 것을 바라는 복수심이 있기 때문. 또는 자신이 잘 살면 부모가 기뻐하기에 복수심에 의해서 못 살게 되는 경우. 설마 그렇게까지 하겠느냐고 하겠지만 많은 사람들이 우를 범하는 경우다. 본인도 모르고 잠재의식이 작동된다.

해결책) 이런 마음을 찾아내기란 쉽지 않다. 또한 자신이 인정하기도 쉽지 않다. 가만히 묵상해보고 그런 마음이 있다고 확신이 들면 자신의 삶에 대해서 다시 생각해본다. 부모는 부모이고 자신의 삶이 더 중요하다는 인식을 가져야 한다.

부모를 원망하여 자신의 삶을 망친다면 자신의 삶은 누가 책임지겠는가? 부모에 대한 원망을 일단 접고 자신의 행복한 삶을 위해 전력투구해야 한다.

* 어떤 여인은 몇 십 년간 어깨가 아팠는데, 최면상태에서 초등학교 때로 돌아가 보니, 자신을 그토록 사랑해주던 아버지가 어떤 일로 인해서 자신의 어깨를 쳤다는 것이다. 그것은 아버지가 그녀를 혼내기 위해서 한 행위는 아니었는데, 그것이 원망이 되어 속으로 그 원망을 지속하기 위해서 어깨에 아픔을 달고 살았던 것이다. 이런 것은 잘 알기 힘들지만 원인을 이해하기만 해도 병은 없어진다. 그 어

인은 아버지에게 그 이야기를 하였고 아버지의 사과가 있은 후에 몇 십 년간 아팠던 어깨가 씻은 듯이 나았다고 한다.

Q 원망을 계속 끌고 가려는 마음이 있는가?

예) 누군가와 관계개선을 하고 싶으나 속으로 원망하는 마음이 크면 그 원망을 지속하려는 마음으로 인하여 겉으로는 관계개선을 원하지만 실제로는 원하지 않아 관계개선이 되지 않는 경우.

해결책) 겉으로 관계 개선을 하고 싶다고 하지만 원망하는 마음도 크다. 그 마음이 하루아침에 없어지지 않는다. 원망을 이해하려면 먼저 인정한다. "아, 그렇구나." 하고 인정하는 것이다. 인정하는 것, 현 주소를 아는 것이 우선 중요하다. 원망하는 마음이 크다는 것을 인정하는 것이다. 실제로 관계가 좋아졌으면 하고 바라지만 되지 않을 경우에는 나를 돌아봐야 한다. 분명히 내 마음속에 끈끈하게 붙잡고 있는 원망 등이 있는 것이다.

지금 서울에 가려고 하는데, 청주에 있으면서 여기가 대전인 줄 알고 대전역을 찾으려 하면 서울에 가기는 글렀다. 청주에 있는 줄을 알고 청주역을 찾아가야 한다. 현재 원망하고 있다는 것을 인정하고 관계 개선을 진실로 하겠다고 마음먹어야 한다. 그런 마음을 먹자마자 관계는 좋아진다. (부록의 좋은 관계를 맺기 위한 방법을 참조하라.) 마음의 관성에 끌려 계속 원망하려고 하면 절대로 관계개선이 이루어지지 않는다. 결단이 필요한 대목이다.

Q 죄책감을 가지고 있는가?

예) 앞의 사례 '간질이 줄어들다'에서처럼 죄책감에 의해서 자신도 모르게 간질을 앓고 평생을 거기에서 헤어 나오지 못하는 경우처럼, 죄책감으로 인하여 병을 앓는다든지 어떤 일이든 실패하는 경우.

해결책) 죄책감으로 인하여 일을 꼬면서 자책을 하거나 회개하는 마음을 가지고 있다고 인식되면, 진실로 미안함을 인정하고 지금 이 순간에 내가 할 일이 무엇인가를 생각한다. 죄책감으로 본인의 인생을 파괴하는 일은 본인이나 상대자에게 아무런 도움이 안 된다는 마음을 가진다. 그리고 지금 그 사람에게 어떻게 하면 속죄할 수 있는가를 생각한다. 직접 할 수 있다면 그렇게 하고, 그렇지 않을 경우에는 마음을 다해 속죄한다. 그리고 그 사람이 잘 되기를 빌어준다. 그러고 나서 자신의 삶을 찾는다.

Q 미안한 마음을 가지고 있는가?

예) 남편은 나가서 힘들게 일을 하는데 주부인 나는 편하게 생활한다. 그럴 때 남편이 뭔가 좋지 않은 일을 하면 그것을 탓하며 나의 미안함을 더는 경우.

<u>해결책</u>) 이럴 경우 남편이 좋지 않은 일을 벌이는 것도 나의 미안함을 덜기 위해서 내가 설정하는 경우가 있다. 우선은 내가 가지고 있는 미안함을 정리해야 한다. 가정 일에 충실한다든지 하면서 내가 해야 할 일은 확실하게 해 놓으니 미안할 것 없다는 마음을 가진다. 미안한 마음을 가지고 망설여지고 혼란스러우면 잠재의식이 그 미안함을 덜기 위해 주변을 변화시켜 좋지 않은 일을 꾸미게 된다. 자신이 뭔가 잘못을 하면서 그 미안함을 덜기 위해 그와 관계된 사람이 허튼 짓을 하게 하는 경우도 있다. 분명히 마음 정리가 필요한 부분이다. 내가 잘못을 하지 않는 것이 중요하다.

위의 방해요소들은 모두 잠재의식에 의한 것으로 본인도 모르고 저지르는 일들이다. 하나하나 점검하면 실제로 그런 요소들을 가지고 있음을 깨닫게 된다. 의식의 초점을 흐리는 요소들이 줄어들면 자연스럽게 초점이 맞춰지고 변화가 시작된다.

위의 요소들이 있더라도 원하는 마음이 훨씬 크다면 그 방향으로 간다. 그만큼 의지를 강하게 부리면 된다. 하지만 상반되는 마음을 알아차리고 제거한다면 마음정리가 확실하게 이루어지게 되어 더 빨리 원하는 바가 이루어진다.

또 어떤 일을 이루려고 하지 않더라도 위의 요소들을 점검하여 마음정리를 하면 마음의 때를 닦아내는 것과 같은 효과를 가져 온다. 하나하나 묵상하면서 마음의 때를 벗겨내기 바란다. 그러면 인생이 깔끔해진다.

두 마리 염소 이야기

예전에 교과서에 나오는 이야기 중에 두 마리의 염소가 하나의 줄에 묶여 서로 상반된 쪽의 풀을 먹으려는 장면을 보았을 것이다. 서로 먹이를 먹으려고 힘을 쓰다가 힘이 비슷해서(서로 양보를 하지 않아서) 둘 다 먹이를 하나도 먹지 못하였다. 그래서 염소 두 마리는 함께 먼저 한쪽 먹이를 다 먹고 난 다음에 다른 쪽의 먹이를 먹었다는 내용이다. 또한 두 마리 중에 어느 한 쪽이 힘이 세다면 당연히 그 염소가 풀을 먹게 될 것이다. 마음도 똑 같다. 무슨 일을 할 때에 하고자 하는 마음이 있고 또 하기 싫은 마음도 작용한다. 이 마음을 한쪽으로 잘 맞추기만 하면 마음이 모아져 일을 잘 이룰 수 있는 것이다. 나의 마음으로 인하여 상황이 바뀌는 것이다. 마음이 정리되면 90% 이상 일을 이룬 것이다.

열망을 증폭시켜라

마 음정리가 되고 나면 그렇게 되고 싶다는 열망이 마
음속에서 샘물처럼 솟아오를 때까지, 가슴이 뛸 때
까지 열망을 증폭시킨다. 이미 원하는 것에 대해서 마음정
리가 되면 강한 열망을 가지고 있을 것이다. 거기에 에너지
를 더하는 것이다. 그 열망이 더 커지도록 만들어야 한다.
내가 가는 것이 아니라 그 열망과 결과가 나를 이끌도록
해야 한다.

결과가 이끌게 하라.

사과나무를 재배하는 목적은 단지 사과를 목표한 대로 키
우려는 것이 아니다. 그 열매를 키워서 맛있게 먹고 그걸 팔
아서 풍요로운 삶을 살기 위해서다. 단지 그 일을 이루기 위

해서 무언가를 한다면 그 진행 과정이 정말로 어렵고 고되다. 원하는 일이 이루어졌을 때 일어날 수 있는 여러 가지 달콤한 결과들을 수시로 떠올리고 그 느낌에 젖어들어라. 그 느낌들은 원하는 마음을 더욱더 자극시키게 될 것이다.

만약 시험에 합격하기를 원한다면 그 시험에 합격하는 것만을 위해서 몸을 던져서는 안 된다. 시험에 합격하고 나면 오게 될 여러 가지 행복한 상황들을 생각하고 마음속에 그리면 내 몸은 자연스럽게 거기로 향하게 된다.

명문대에 가는 것만을 위해서 공부한다면 얼마나 지루하고 고단하겠는가? 명문대에 다니게 되면 무엇이 가장 좋고 기쁠 것인가를 생각하고 그 상상을 계속하라. 예를 들면 여학생들이 서로 미팅을 하려고 줄을 선다든지, 주변에서 모두들 축하해 주는 모습이라든지, "너는 최고야" 하면서 엄지를 '척' 들어준다든지, 학교를 졸업하고 좋은 직장에 취업을 한다든지 자신이 좋아하는 상상을 지속적으로 떠올려라. 이미 명문대에 반은 간 것이다.

결과를 세세하게 생각하는 것은 초점의 강도를 높이게 한다. "나는 운전면허 시험에 합격하고 싶다"고 해도 되지만, 운전면허 시험에 합격하고 나서 좋아하는 어떤 차를 사고 어디어디를 누군가와 여행하는 모습 등을 구체적으로 떠올려 즐겁고 행복한 느낌을 더욱 증폭시켜라.

다른 것도 마찬가지이다. 돈을 번다든지, 좋은 집을 산다든지. 무조건적인 노력은 힘만 들 것이다. 일을 이루었을 때 올 결과를 미리 떠올려라. 시간이 날 때마다 떠올려라. 그리고 그 느낌에 빠져들어라. 그러면 마음이 기뻐지고 거기로 나아가는 것이 즐거워질 것이다. 그럴 때 당신이 거기로 나아가는 것이 아닌 그 결과가 당신을 끌어 당겨줄 것이다.

잠재의식의 싹에 물을 줘라

지금까지는 씨앗을 심어 싹이 나오는 단계였다. 지속적으로 물을 주어 풍성하게 자라도록 해 주어야 한다. 마음정리를 하고나면 변화가 시작되고, 결과를 생각하며 마음이 설레게 되면 그 결과가 더욱더 나를 끌어당기게 된다. 이것은 돋보기로 빛을 모으듯 에너지를 집중시키는 효과를 가진다. 여러 곳으로 흩어져 있던 의식의 힘을 한 곳으로 집중시키게 되어 강력한 에너지를 갖는다. 이 에너지를 더욱 강력하게 하는 것은 의지를 부려 잠재의식에 지속적으로 강한 에너지를 주는 것이다. 그 방법은 자기 암시와 영상 박아 넣기다.

① 수시로 스스로에게 암시하라.

마음의 힘은 무한하다. 지속적인 생각은 그 마음의 힘을 더욱더 강력하게 만든다. 말은 생각의 한 형태이다. 말에는 목청을 움직여 직접 하는 말과 내면의 말이 있다. 직접 내 귀에 들리도록 암시를 지껄이는 방법이 있고 묵언으로 나에게 하는 내면의 말이 있다. 두 가지를 다 사용하면 된다.

사람들이 없다면 직접 소리 내어 말하는 것도 좋다. 들리는 것은 훨씬 더 믿음을 준다. 내 스스로 소리 내어 하는 말은 나에게 들리면서 동시에 마음속에 깊이 박힌다. 에너지를 더하는 것이다. 생각의 에너지에 소리의 에너지가 더해지기 때문이다. 사람이 있다면 묵언으로 내면의 말을 하면 된다. 암시 문을 속으로 혼자말로 하는 것이다. 평소에도 하면서 시간이 날 때면 마음을 안정시키고 집중해서 하면 더 효과가 좋다. **잠자리에 들거나 깨어서 바로 하는 것을 잊지 말자.**

의지를 발현시키는 방법도 사용한다. 암시 문을 크게 소리 내어 외치는 것이다. 내면에 진짜 그렇게 생각하는가 하고 확인하는 방법이기도 하다. 앞의 암시 방법은 혼자서 조용히 말이 들리게 독백하는 것이다. 하지만 이 방법은 자신의 의지를 담아서 그렇게 하겠다고(되겠다고) 선언하면서 크게 외치는 것이다.

여러 사람을 향해서 하는 방백과는 다르다. 스스로 의지를 담아서 크게 외치면서 그렇다고 확인시키는 방법이면서 또한 그렇게 되겠다고 다짐하는 방법이다. 행동을 하면서 외치는 것도 좋다. 팔을 들어 주먹을 불끈 쥐고 외치는 것이다. 크게 외치면서 자신의 행동에 신경을 써본다. 혹시 다른 행동이 따라 나오는 지를 보는 것이다.

예를 들면 주먹을 쥐고 "나는 그녀와 결혼 한다"라고 외친다고 할 때, 외치고 나서 머리를 긁적인다든지 눈을 위로 치켜뜨고 고개를 갸우뚱 한다든지 말이다. 이런 행동이 나온다면 그것을 확신하지 못하거나 마음속에 무언가 다른 감정이 있는 것이다. 확신이 들 때까지 마음정리를 하고 다시 한다. 다른 행동이 나오지 않을 때까지 말이다.

남들에게 말하는 방법도 좋다. "내가 이것을 할 것이다"라고 공개적으로 말하는 것이다. 이렇게 하면 나에게 그 약속을 지키기 위해서, 또 남에게 약속을 지키기 위해서 의식을 더 기울이고 노력하게 된다. 한 가지 주의해야 할 점은 그 말을 너무 자주 남발하지 말아야 하고, 자신이나 남이 생각해도 황당한 기원은 하지 않는 게 좋다. 말을 남발하는 것은 말잔치로 끝날 수도 있고 에너지를 새어나가게 만든다. 또 황당한 기원은 자신 스스로도 믿지 못하고 남에게도 믿음을 주지 못하여 역효과를 내는 경우가 많다.

암시 문을 의미 없이 앵무새가 지껄이듯 해서는 안 된다. 의미를 떠올리며 한다. 직접 말할 때와 속으로 되 뇌일 때 모두 똑 같다. 이때도 의식을 집중해야 한다. 또한 리듬을 주어도 좋다. 리듬이 섞이면 마음속에 더 깊이 박힌다. 마치 교회에서 성가를 부르면 그냥 하는 것보다 마음속에 더 울림을 주는 것과 마찬가지다.

* 묵언수행

묵언수행이라고 하면 단지 겉으로 말하지 않는 것만을 의미하지 않는다. 혼자서 속으로 하는 말도 해서는 안 된다. 속으로 하는 혼자 말은 생각의 한 형태이다. 생각을 없애는 것이 묵언수행의 진짜 목적이다. 단지 겉으로 말하지 않는다고 묵언수행을 했다고 볼 수는 없는 것이다.

암시문은 간결하게, 부정적이지 않게

암시하는 문장은 간결하게 하는 것이 좋다. 길게 늘어놓으면 잠재의식에 확연히 박아 넣기 힘들다. 뇌가 받아들이기 쉽도록 간결한 문장을 써야 한다. 또한 부정적인 문장을 쓰지 않고 긍정적인 문장을 쓴다. 부정적인 문장을 쓰면 부정적인 쪽으로 에너지를 더 가하게 되기 때문이다.

예 1)

복잡한 문장	간결한 문장
나는 지금까지는 이렇게 살았지만 이전의 불행을 다 떨쳐 버리고 정말로 행복한 삶을 살게 될 것이다	나는 이제부터 행복한 삶을 산다.
나는 지금까지와는 다르게 이번 시험은 반드시 잘 봐서 꼭 붙게 될 것이다.	나는 이번 시험에 반드시 붙는다.
우리 부부는 남들이 부러워할 정도로 관계가 좋아져서 화목하게 살게 될 것이다.	우리 부부는 남들이 부러워할 정도로 화목해진다.

예 2)

부정적인 문장	긍정적인 문장
나는 앞으로 절대 불행하게 살지 않을 것이다.	나는 이제부터 행복한 삶을 살 것이다.
이번 시험에 결코 떨어지지 않는다.	이번 시험에 반드시 합격한다.
우리 부부는 이제 절대로 싸우지 않는다.	나는 부인(남편)과 더욱 화목 하게 지낼 것이다.

암시문은 결과 암시에만 한정하지 않고
보조 암시문도 사용한다.
근본적인 문장도 쓴다. 예를 들면 '나는 00과 결혼한다.'가

주 암시 문이 된다면, '그녀도 나를 사랑한다.', '그녀는 나의 프러포즈를 잘 받아 줄 것이다.', '그녀와 나는 참 좋은 커플이다.' 등 결혼한다는 믿음을 뒷받침해 줄 암시를 병행하면 좋다.

② 영상을 박아 넣어라.

위에서 '백상百想이 불여일견不如一見'이라고 했다. 보는 것은 그냥 생각하는 것보다 아주 커다란 믿음을 가지게 한다. 보는 것은 생각의 단계를 거칠 것이 없이 그대로 잠재의식에 박히게 된다. 만약 시간이 없다면 암시 문을 되뇌는 것보다 영상 떠올리기를 한다. 영상이 더 강력하기 때문이다. 결과를 의식에 박아 넣어 미래를 확정시키는 것이다. (그렇다고 암시가 중요하지 않다는 것은 아니다. 암시는 마음에 울림을 줄 수 있는 좋은 방법이다.)

평상시에 언제 어디서나 시간이 날 때마다 영상 떠올리기를 하는데, 아래에서 설명하는 **뇌파다운 방법**을 사용하여 하게 되면 효과가 훨씬 크다. 또한 뇌파가 자연적으로 떨어져 있는 잠자리에 들기 전과 잠자리에서 막 깨었을 때 하는 것이 효과적이다. 이때는 일부러 뇌파를 떨어뜨리지 않아도 자연적으로 떨어져 있기 때문에 잠재의식과의 통로가 열리게 된다. 암시할 때도 마찬가지다.

*영상 떠 올리기

1. 가능한 한 자세하게 해야 한다.

   만약 원하는 것이 시험에 합격하는 것이라면,

   – 합격자 명단을 보면서 기뻐 뛰어오르는 장면,

   – 가족들과 지인들이 축하해 주는 장면,

   – 합격통지서를 받으며 기뻐하는 장면,

   – 합격 후 있을 여러 가지 기쁜 일 등등이다.

   합격하였을 때 누가 제일 기뻐할까를 떠올린다. 합격 후 어떤 일이 나를 기쁘게 할 것인가를 자세히 생각하여 장면을 떠올린다. 원하는 것이 이루어진 후 벌어질 설레고 가슴 뛰는 가장 명확한 장면을 떠올린다.

2. 이미지 중에 떠올렸을 때 기쁨이 더 많이 솟아나는 것을 집중해서 떠올린다.

3. 동영상을 보듯이 생동감 있게 떠올린다.

4. 일이 이루어졌을 때를 생각하며 주변의 영상들마저도 모두 세세하게 떠올려라. 예를 들면 시험에 합격하였을 때 혼자만 기뻐하는 영상보다는 옆에 누가 있고 그들은 어떻게 축하해줄지, 그들은 무슨 선물을 들고 축하하게 될지 등등

5. 설정된 상을 반복하여 시간 날 때마다 떠올린다.

6. 영상을 떠올릴 때, 스스로 아주 행복하게 미소 지어라.

미소 짓는 것 자체가 긍정적 에너지를 더욱 강하게 한
다. 평상시에도 의식적으로 미소를 지으면 행복에너지
가 넘치게 된다.

뇌파를 다운시켜라.

일상에서 수시로 암시하고 영상화하면서 시간이 날 때에
는 **강력하게 잠재의식에 박아라.** 그러기 위해서는 당신의 뇌
파를 다운시켜야 한다. 우리의 뇌파는 하루 중에 수시로 변
한다. 뇌파란 1초당 뇌의 전기적 파장의 수치다. 베타파, 알
파파, 세타파, 델타파 등이 그것이다.

우리가 일상생활을 하는 중에는 베타파의 파장이 나온다.
이때는 논리력이나 사고력이 강할 때이다. 졸리거나 집중상
태에서는 알파파의 파장이 나온다. 꿈을 꾸거나 완전한 집중
상태에서 세타파의 파장이 나온다. 아이들이 만화영화를 보
거나 놀이에 집중할 때는 세타파까지 나온다고 한다. 깊은
잠속에서는 델타파의 파장이 나오게 된다. 정신을 완전히 집
중시킨 상태에서 영상을 떠올리거나 암시를 주면 아주 강력
한 효과를 얻게 된다. 최면에 걸린 것과 같은 효과를 낼 수
있다.

뇌파가 다운되어 알파파 또는 세타파의 상태가 되면 논리

적 사고는 줄어들고 수용하는 상태가 되어 암시를 받아들이기 쉬워진다. 그야말로 잠재의식에 문을 열어 놓는 상태가 되는 것이다. 주변이 소란스러운 곳에서 공부를 하는 것 보다 조용한 도서관에서 공부하는 것이 집중이 잘 되어 머리에 잘 들어오지 않는가? 마인드컨트롤이나 최면에서는 알파파나 세타파와 같이 집중이 잘 되고 수용력이 커지는 뇌파 상태에서 작업을 한다. 명상을 하면 또한 이 파장으로 들어가는데, 삼매에 들어가면 델타파의 파장이 나오게 된다.

뇌파 다운법

1. 우선 편안하게 자세를 취한다.

방바닥에 눕거나 소파에 편안하게 기대어 양 다리를 적당히 벌린다. 다리 넓이는 약 20-40센티 사이에서 편안한 상태로 벌린다. 양 팔을 손바닥을 위로 향하게 해서 몸에서 20센티 정도 떨어뜨리고 바닥이나 무릎 위에 놓는다. 손바닥을 아래로 향하는 것이 편하다면 그렇게 하라. 머리는 완전히 기대야 한다. 머리가 편안하지 않으면 은연 중에 힘이 들어가서 이완이 잘 이루어지지 않는다.

2. 몸 전체를 세세하게 이완시킨다.

숨을 깊이 들이쉬고 천천히 내쉬기를 세 번 반복하면서

'편안하다'라고 암시하면서 몸에 힘을 뺀다. 이렇게 편안한 자세를 취한 후에 눈을 감고 머리부터 발끝까지 몸을 이완시킨다.

먼저 머리 위쪽에 의식을 두고 '머리가 편안하다' 하고 생각하며 편안함을 느낀다. 다음엔 이마에 의식을 두고 '이마가 편안하다' 하고 생각하며 편안함을 느낀다. 다음은 눈과 눈 주위에 의식을 두고 '눈과 눈 주위가 편안하다' 하고 생각하며 편안함을 느낀다. 그 다음엔 코와 코 주위, 입과 입 주위, 귀와 귀 주위, 머리 뒤쪽, 목과 목 내부, 어깨, 팔, 손, 가슴, 복부, 등, 허리, 옆구리, 골반 순으로 발가락까지 이완해 나간다.

완전히 이완하고 나면 또 가슴속, 복부속의 모든 내장기관까지 이완한다. 뇌, 안와, 비강, 구강, 기관지, 식도, 폐, 심장 등 모든 내장기관이 이완되는 감각을 느낄 수 있고, 실제로 이완되어 편안해지는 효과를 거둘 수 있다. 부족하다 싶으면 다시 한 번 머리 위로부터 발끝까지 이완하면 더욱 좋다.

이 수련이 습관이 되면 머리, 팔, 몸통, 다리 순으로 빠르게 이완할 수 있으며, 더 훈련하면 단 1초 만에 온몸을 이완시킬 수 있다. 단지 편안하다 하면서 숨을 내쉬는 것만으로도 온 몸이 이완되어 실제로 뇌파가 다운되었음을 느낄 수 있다. 자주 할수록 뇌파가 다운된 느낌이 강해진다.

3. 가장 편안했던 장소를 떠올린다.

몸을 다 이완한 후, TV나 영화 속에서 보았거나 실제로 가보았던 가장 아름답고 편안한 장소를 세세하게 떠올리며 그 느낌을 느껴본다. 일반적으로 많이 사용하는 것이 바닷가 풍경을 떠올리는 것이다. 당신이 바닷가에 갔을 때의 주변 풍경을 떠올린다. 하얀 백사장에 당신이 서 있을 때 주변 풍경은 무엇이 있었는가?

백사장 모래를 만져 보기도 하고, 바닷바람을 느껴보기도 하고, 멀리 바다를 바라보기도 하고, 백사장을 걸어보기도 한다. 주변의 아름다움을 그 자리에서 바라봐도 되고 물가에 가거나 파라솔 아래에 앉아서 바라봐도 된다. 멀리 섬도 보이고 높이 나는 갈매기도 보일 것이다. 이렇게 하면 마음이 안정되고 뇌파가 떨어져 고요해지고 집중력이 생긴다. 이때 자신에게 암시를 주거나 이루고 싶은 영상을 떠올린다. 자주 하면 할수록 깊이 들어가는 느낌을 가지게 된다.

※ 이 훈련 중에 어쩌면 몸과 마음이 편안해져서 잠으로 빠져들 수 있다. 필자도 초창기에 뇌파다운 연습을 할 때, 내 방의 방문에 '수련 중'이라고 붙여놓고 했다. 중간에 누군가가 문을 두드리면 뇌파가 올라가서 다시 해야 하기 때문인데, 가끔 잠이 들어서 식구들에게 "또 자려고 들어가네?"라는 말을 들었을 정도다.

처음 얼마간은 뇌파 다운을 훈련할 때 의자나 소파 등에 앉아서 한다. 그러면 잠에 들어가지 않게 되는데, 이렇게 해도 잠에 들어 갈 때는 머리를 대지 않고 하면 되며, 훈련이 거듭될수록 이완되는 속도가 빨라진다. 필자의 경우도 수련을 많이 한 후에 단 1초 만에 온 몸을 이완 할 수 있었다. 이렇게 뇌파 다운을 연습하는 동안에 지속적으로 영상 떠올리기를 하면 된다. 처음에는 몽롱할 수 있지만 수련을 하면 할수록 깊은 의식

상태에서도 정신이 맑아진다.

떠올릴 영상은 미리 생각해두어야 한다. 세세하게 어떤 것을 어떻게 떠올릴 것 인가를 미리 생각한다. 그렇지 않으면 뇌파가 다운된 상태에서 '생각을 해야 하기 때문에' 뇌파가 다시 올라갈 수가 있다.

쟁반에 모래를 가득 담아놓고 그 중에서 모래 알갱이 하나를 찾으라고 하면 찾기가 쉽지 않다. 하지만 모래 두 세알을 놓고 찾으라고 하면 쉽게 찾을 수 있다. 뇌파가 다운되면 다른 모래 알갱이들은 모두 없어진 상태가 된다. 단지 한두 알만 남아 있는 상태가 되어 집중력이 생긴다.

뇌파 다운은 온 몸뿐만 아니라 마음까지도 휴식을 취하게 만들어 준다. 암시에 도움을 주는 것뿐만 아니라 건강 증진에도 커다란 도움을 준다. 평소에 긴장되었던 몸과 마음을 완벽하게 이완시킴으로써 건강 증진에 큰 도움을 준다. 일반적으로 뇌파다운 훈련을 15분 간 하면 3시간의 숙면 효과를 거둔다고 한다. 생활 중에 피곤할 때면 뇌파다운 훈련이 다시금 심신에 활력을 줄 수 있다.

리허설 하라

지금까지가 정신적인 것이라면 이제부터는 직접 몸으로 하는 것이다. 백상百想이 불여일행不如一行이다. 백 번 생각한 것보다 한 번 행하는 것이 낫다. 집 앞에 거지 한 사람이 있는데 집을 드나들 때마다 도와줘야겠다고 생각만 하고 1년 동안 한 번도 도와줘 본 적이 없다면 소용이 없다. 한 번 도와주면 그것이 곧 도와준 것이다. 백 번을 생각하는 것은 직접 한 번 행한 것만 못하다.

연극이나 공연이 잘 되도록 하려면 반드시 리허설을 거쳐야 한다. 당신에게 있을 좋은 일도 당신이 미리 리허설하면 더 빨리 더 잘 성취할 것이다. 그 일이 이루어졌을 때를 생각하고 말하고 행동하라. 일이 이루어졌을 때를 리허설 하라.

혼자 있을 때 그 일이 이루어졌다고 가정하고 그 때의 말과 행동을 직접 해보는 것이다. 예를 들면 돈을 10억 버는 것이 목적이라면 10억이 생겼을 때 그 느낌을 가지고 혼자서 행동해보는 것이다. "어머니 제가 통장에 천만 원을 보내드리겠습니다. 드시고 싶으신 것 마음대로 사 드세요."라고 어머니가 앞에 있는 것처럼 말하거나 어떤 동작을 하면 더 좋다.

고급식당에 가서 좋은 사람들과 맛있는 음식을 먹고 두툼한 지갑에서 돈을 꺼내서 지불하는 등등. 그 일이 이루어졌을 때 무엇을 할 것인가를 영상으로 떠올렸던 것을 하면 된다. 이렇게 직접 행동으로 하게 되면 몸도 기억하게 된다. 마음과 몸이 모두 한 곳으로 집중하게 되는 것이다.

특정 대학이나 직장에 들어가고 싶다면 직접 그 곳에 가보는 것도 좋다. 그 곳에 가서 영상을 떠올리고, 할 수 있다면 직접 몸동작을 해보는 것도 좋다. 즐겁게 학교에 등교하거나 직장에 출근하는 행동들이다. 그 곳에서 직접 해 보면 더욱 믿음이 가게 된다. 승진하였을 때를 생각하며 그 직위에서 하는 행동을 해 보는 것도 좋다. 아래 직원들에게 업무 지시를 하거나 회식을 시켜주는 등등……

일상생활 중에 시간 날 때마다 틈틈이 리허설 하라. 그러면 지속적으로 당신의 의식이 그것을 이루는 쪽으로 집중되고 에너지를 가하게 될 것이다.

행동으로 옮겨라

행하지 않으면 되는 게 없다. 어떤 사람이 하느님께 복권에 당첨되게 해달라고 날이면 날마다 빌었다. 그런데도 복권엔 당첨되지 않았다. 그 사람이 하늘에 대고 "왜 저에게 기회를 주시지 않으십니까?" 하고 말하니 하늘에서 들려오는 한마디가 있었다. "너는 왜 나에게 기회를 주지 않느냐? 최소한 복권은 사야지." 이렇듯이 행하지 않으면 아무것도 이룰 수 없다.

무언가를 위해서 노력한다는 것은 그것을 진실로 원한다는 증거이며 그것에 대해 믿음을 가지고 있다는 반증이다. 되지 않을 것이라고 믿으면서 그것에 대해 노력하는 사람은 없을 것이다. 실제로 그 일을 이루기 위해서 행동으로 옮기고 있으면 어느 틈엔가 당신은 그런 미래를 살아가고 있을 것이다. 그 일을 이루기 위해서 세세하게 계획을 세워서 행하라. 아무런 노력도 하지 않고 그냥 되기를 바라면 가능성이 희박해진다. 몸과 마음이 모두 원하는 바에 집중되어야 한다.

어떤 일들은(예를 들면 상대의 행동을 바꾸는 일 등등) 계획을 세워서 실행 할 수가 없는 경우들이다. 이럴 경우에는 마음정리 후 지속적으로 변화된 모습을 떠올리면 된다. 일부러 상대를 변화시키기 위해서 직접 자극하게 되면 잠재의식에 걸려서 더 화를 부르는 경우들이 있다. 제일 중요한 것은 당신이 그것을 진실로 원하고 있는가이다.

이 장에서는 순서에 따라서 번호를 부여했는데, 3번(열망을 증폭시켜라)부터는 생활 중에 지속적으로 함께 해나가야 한다. 암시와 영상 떠올리기 그리고 리허설하면서 차근차근 실행에 옮기면 된다.

PART **6**

이제 시작해 봅시다

이제 시작해 봅시다

일을 이루기 위해서는 어떤 것은 오랜 기간이 걸리는 것들이 있다. 하지만 단 며칠 또는 몇 시간 만에 원하는 것을 얻을 수도 있다. 원하는 바가 잘 이루어지지 않는다고 성급하게 그만두어서는 안 될 것이다. 뜻을 두고 거기에 의지를 더한다면 안 될 일이 있겠는가? 일찍 그만두는 것은 이룰 마음이 그 만큼 부족해서다. 앞서 언급한 방해요소들을 점검하여 마음정리를 다시 한다면 분명히 얻는 바가 있을 것이다.

이 책이 여러분에게 올바르게 활용되었으면 하고 바라는 바다. 남을 해치기 위하여 또는 부정적인 방향으로 만들기 위해서 이 방법을 이용한다면 반드시 얻지 못 할 것이다. 또 도리어 본인이 그 해를 입게 될 것이다. 정신 에너지는 좋은 쪽으로 사용되어야 한다. 필자는 스스로의 경험과 내담자들의 변화과정을 지켜보며 정신에너지의 힘에 대하여 확실한 믿음을 가지고 있다. 그 믿음을 여러분에게 전달하고자 하는 것이다. 많은 사람들이 이 책을 통하여 자신이 주체가 되는 '내 뜻대로 사는 삶'을 향하여 나아갈 수 있기를 기대한다.

부록

◆ 뜻을 이루는 방법 예시

> 이루고자 하는 일 : ○○와 결혼하고 싶다.

1. 원하는 바를 구체적으로 확정 짓는다.

"나는 ○○와 내년 까지 반드시 결혼하겠다."라는 원하는 바
가 정해지면 그것이 꼭 내년이 되지 않더라도 기한을 설정
해 놓으면 의지가 더 확실해진다.

2. 마음을 정리한다

○○와 결혼하기를 진정으로 원하는가? 그렇다면

왜 ○○와 결혼하려고 하는가?

오래도록 사귀었고 사랑하기 때문에, 지금 결혼할 나이가 되
어 필히 해야 한다. 등등 다양하고 현실적인 이유를 생각해
본다.

○○와 결혼 할 가치가 있는가?

그녀는 마음이 착하다. 그리고 직장도 가지고 있어서 맞벌이
가 가능하다. 좋은 가정을 꾸리기에 적합한 좋은 사람이다.
가족들도 좋아할 것 같다. 등등

○○와 결혼하면 무엇이 좋을까?

○○와 함께 산다는 것은 정말로 행복할 것이다. 함께 사는 영상을 떠올려보니 행복감이 밀려온다. 등

각 문항을 묵상하며 결혼 한 결과를 떠올려 보니 정말로 기쁨이 솟아난다. 결론은 '정말로 결혼하고 싶다'이다. 각 문항을 점검할 때 결과의 영상을 떠올려 보면 '그렇다' '아니다'가 마음속에 그려지게 된다. 단지 관념으로 하면 현실감이 떨어지지만, 떠올려 보면 실제와 비슷하게 감정이 따라 나온다. 의식 속에서는 실제와 상상을 비슷하게 처리하기 때문이다.

하지만, 각 문항 중에 고개를 갸우뚱하는 상황이 나온다면 잠재의식 속에서 무언가 미흡하거나 거부하는 반응이 나오는 것이다. 왜 그런지를 깊이 묵상해보면 분명히 답이 나온다. 그러면 다른 결정을 내릴 수도 있다. 나의 문제인가 상대의 문제인가를 생각해서 변화가 가능한가를 다시 생각해야 한다. 변화가 가능하다고 생각이 들면 결혼하는 것으로 결정할 수 있지만, 변화가 불가능하다고 생각이 들면 결혼하는 것이 쉽지 않을 뿐 아니라, 결혼하더라도 그런 관념이 마음속에 자리하고 있기 때문에 결혼생활 중에 문제를 일으킬 소지가 충분히 있다.

그래도 결혼하기를 원한다면 거부하는 반응이 일어나는 부분을 다시 정리하여야 한다. '무엇 무엇은 좀 그렇다'고 한다면 '그 부분은 내가 수긍하고 감수하겠다.' 또는 '어떻게 대처하겠다'하고 나와 타협을 이루어야 한다. 나와 타협을 이루었다면 부족한 부분까지도 다 수긍하고 가는 것이다. 그 결과는

내가 책임지겠다고 마음정리를 하는 것이다. 이렇게 하면 나와의 타협이 이루어져서 결혼하는 상황으로 전개된다. 마음에 걸리는 부분이 있다면 방해요소 점검사항에 해당하는 것이 있는가를 다시 점검한다.

3. 열망을 증폭시킨다.

그녀와 결혼하여 사는 모습을 지속적으로 상상한다. 어떤 모습으로 살게 될까를 영상으로 떠올린다. 그리고 그 느낌에 빠져들어라. 그러면 더욱더 결혼하고 싶은 열망이 증폭될 것이다.

4. 잠재의식의 싹에 물을 줘라.

- **암시** : 암시 문을 짧게 만들어 수시로 나에게 암시한다. '그녀와 나는 좋은 커플이다', '우리는 결혼하면 잘 살 것이다', '그녀도 나와 결혼하는 것을 행복해 할 것이다' 등등…
- **영상** : 결혼에 관련된 영상을 수시로 떠올린다.
프러포즈를 그녀가 기쁘게 받아들이는 모습, 둘이서 결혼 앨범을 함께 찍는 모습, 결혼식 하는 모습, 결혼반지 끼어 주는 모습, 하객들과 인사 나누는 모습, 피로연 하는 모습, 구체적으로 누구의 차를 장식해서 타고 가는 모습, 신혼여행 떠나는 모습, 결혼생활 하는 모습 등등…….

5. 리허설 하라.

리허설은 평상시에 영상 떠올리기를 하면서도 할 수 있고,

함께 자주 가는 곳에서도 혼자서 할 수 있고, 아무도 없는 곳에서 혼자서도 할 수 있다. 앞에서 떠올렸던 영상들을 활용하여 실제 일어난 일처럼 혼자서 원맨쇼를 하듯이 하면 된다. 심각해도 좋지만 얼굴에 미소를 머금고 하라. 살기 원하는 아파트나 생각하고 있는 예식장에 직접 가보는 것도 좋다. "이 예식장이 그녀와 결혼할 곳이구나." 하고 결혼식 하는 영상을 떠올리며 미소 짓는다. 마음에 드는 아파트에 가서 "이런 곳이면 그녀와 행복하게 살 수 있겠다."고 생각하며 함께 생활하는 모습을 그린다.

6. 행동으로 옮겨라.

무엇을 행동으로 옮길 것인가? 지금 이 순간부터 결혼에 골인하기까지 어떻게 할 것인가를 세세하게 계획하고 실행에 옮긴다. 어떻게 프러포즈 할 것인가? 예식장은 어디로 선정할 것인가? 신혼여행은 어디로 갈 것인가? 신혼살림은 어디서 시작 할 것인가? 등등 생각만 해도 가슴이 설레지 않는가? 이는 지속적인 암시와 리허설을 함께 병행하면서 해 나가는 것이다.

7. 결혼

결혼하여 행복한 가정을 이룬다. 이렇게 마음정리와 더불어 열망을 가지고 결혼에 골인하면 적당히 결혼하는 것 보다 결혼생활이 훨씬 행복할 것은 자명한 일이다.

◆ 영상 떠올리기 방법 예시

영상 떠올리기는 세상을 내 뜻대로 능동적으로 살아가기 위한 하나의 방법이다. 그냥 되는대로 맡겨버리면 여러 가지 마음 상하는 일들을 맞이하는 경우가 많은데, 미리 영상을 잡아놓으면 나의 의도대로 일이 되어나갈 확률이 높아진다. 모든 것은 습관이다. 쓸데없이 걱정하는 것 보다는 잘 된 모습을 떠올려 주는 것이 삶을 긍정적으로 살아가는데 커다란 도움을 준다.

1. 운전할 때 또는 여행갈 때

어딘가 멀리 운전을 하고 가거나 여행을 하게 될 경우 불확실한 미래에 대한 걱정 때문에 불안해하는 경우들이 있다. 교통사고 등을 걱정하는 것이다. 이럴 경우 다음과 같은 영상을 떠올린다.

1) 상상으로 차에 보호막을 친다. 차 주변에, 특히 차 앞면에 강한 에너지 덩어리가 방패막이를 하고 있는 모습
2) 목적지에 안전하게 도착하는 모습. 잘 도착해서 사람들과 만나는 모습
3) 순조롭게 여행하는 모습
4) 여행을 잘 마치고 돌아온 모습 등

2. 계약을 하러 들어갈 때

차량을 판매하든 건설 관련 수주계약을 하든 간에 작은 계약이든 큰 계약이든 상관없이 계약 장소에 들어갈 때 미리 계약이 성사된 모습을 떠올린다. 계약이 성사되면 어떤 모습을 할지 미리 떠올리는 것이다.

1) 계약이 이루어져 상대방과 웃으면서 악수를 나누고 있는 모습
2) 계약서에 서명을 하고 있는 모습
3) 웃으면서 헤어지는 모습
4) 동료들이 계약서를 들여다보며 축하해 주는 모습 등

3. 변비로 고생하고 있을 때

변비로 변이 나오지 않을 경우 화장실에 들어가기 전이나 변을 볼 때 영상을 떠올린다. 평상시에 지속적으로 떠올려주면 좋다.

1) 상쾌한 모습으로 변을 보는 모습
2) 변을 보고 물을 내리려고 할 때 변이 잘 나와 있는 모습
3) 화장실을 나올 때 웃으면서 팔을 들어 올리고 행복해 하는 모습 등

4. 운동선수가 경기에 출전할 때

운동선수가 운동경기에 출전할 때 오래 전부터 미리 떠올리거나 경기 직전에 떠올려 주는 것도 좋은 효과를 낼

수 있다.

1) 출발 할 때 가장 먼저 뛰어 나가는 모습

2) 골인 지점에 가장 먼저 통과하는 모습

3) 메달을 목에 거는 모습

4) 주변에서 모두 달려와 얼싸안고 축하해 주는 모습

5) 격투기 경기라면 상대방을 다운시킨 모습 등

5. 수술을 하려고 수술실에 들어갈 때

가벼운 수술이라면 굳이 떠올리지 않아도 되지만, 엄중한 수술이라면 미리 영상화 하는 것이 큰 도움이 된다.

1) 수술을 잘 마치고 나온 본인의 모습과 의사 간호사의 웃는 모습

2) 가족들과 기쁘게 웃으며 하이파이브 하는 모습

3) 건강한 모습으로 잘 퇴원하는 모습 등

6. 건강이 좋지 않을 때

평상시에 건강이 좋지 않을 때에 일상 속에서 건강한 모습을 떠올려 주는 것은 건강을 회복하는데 큰 도움이 된다.

1) 다리가 아파서 잘 걷지 못할 때는 잘 걷고 있는 모습. 더 나아가 가족들이나 지인들과 함께 힘차게 어딜 가거나 뜀박질 하는 모습

2) 혈압이 높을 때 즐겁게 혈압을 재는 모습. 혈압을 잰 후 주먹을 쥐며 기쁘게 웃고 있는 모습. 전체적으로 몸이 붉

은색을 띠는 것을 영상화 하였다가, 얼굴부터 서서히 아래로 정상적인 피부 색깔이 되는 모습. 최종적으로는 몸 전체가 빛이 나는 모습, 혈압을 재고 난 후 혈압계의 수치가 정상으로 나와 있는 모습(수치를 떠올린다.)

3) 당뇨병이 있을 경우 혈당이나 요당 검사를 한 후 좋은 검사 결과를 바라보며 기뻐하는 모습. 혈당을 끈적끈적하게 형상화하여 닦아내는 모습, 혈당의 수치를 보았을 때 정상 혈당 수치를 나타내고 있는 모습(정상수치를 크게 떠올린다.)

4) 피부병이 있을 때 좋은 기운(밝은 빛을 영상화해도 됨)이 몸을 감싸면서 피부가 윤택해지는 모습. 옷을 벗고 좋아진 피부를 보며 기뻐하는 모습. 미래에서 가져온 만병통치약을 몸에 발라 피부병이 다 없어지는 모습

5) 암환자라면 몸에 빛이 비쳐들면서 그 빛이 암세포를 없애는 모습. 미래에서 가져온 진공청소기 치료기로 암세포를 빨아들여 몸에서 없어지는 모습

6) 누워서 진공청소기가 몸 가까이 붙어서 머리부터 발끝까지 지나가면서 나쁜 기운(나쁜 기운을 검게 형상화시켜도 된다.)을 다 빨아들이는 모습. 검은 기운을 지속적으로 상상하면 안 되고, 하면 할수록 검은 기운이 밝은 기운으로 바뀌는 모습을 영상화

7) 몸에 상처가 났다면 상처를 떠올리고 상처가 아물어 없어지는 모습

8) 공황장애로 운전하기가 힘든 사람은 아무 문제없이 운전을

잘 하고 있는 모습, 웃으면서 운전하는 모습
9) 어두운 기운이 몸 밖으로 빠져나가고 밝은 기운이 온몸에 스며들어오는 영상
10) 건강하지 못한 장기를 떠올리고 밝은 기운이 가득한 모습, 영상 속에서 그 장기를 깨끗하게 닦아내는 모습
11) 신앙인이라면 예수님이나 부처님이 몸이나 환부에 손을 대서 치료해 주는 모습 등

7. 가정이 화목하지 못할 때

가정이 화목하지 못하여 화목한 가정을 이루기를 바란다면 (하지만 정말로 화목하기를 바라야 한다.)

1) 부부관계가 좋지 않다면 부부가 손잡고 걸어가는 모습. 레스토랑 등 좋은 음식점에서 웃으면서 함께 식사하는 모습. 행복한 부부관계 모습. 밝은 기운이 부부를 함께 감싸고 있는 모습 등
2) 온 가족이 함께 여행하는 즐거운 모습. 함께 포옹하는 모습
3) 가정환경이 좋지 않은 원인을 알고 있다면 그 원인이 해결된 모습 등

8. 담배를 끊고 싶을 때

담배를 끊으려고 하지만 잘 되지 않을 경우 영상 떠올리기는 아주 큰 효과를 볼 수 있다.

1) 담배 안에 구더기가 잔뜩 들어있는 모습. 더 끔찍한 영상이 있으면 그것으로 대체
2) 담배를 한 모금 피워 마시고는 얼굴을 찡그리고 집어던지면서 구역질 하는 모습
3) 담배를 하나하나 가위로 잘라버리는 모습 등

9. 행사를 준비하는데 날씨가 걱정될 때

야외 행사 날짜를 잡아놓았는데 비가 올까 걱정될 때에는 미리 영상을 잡아놓는다. 그날 아침에도 영상을 잡는다.
1) 맑은 날씨에 행사가 잘 진행되고 있는 모습
2) 행사를 하며 하늘을 보니 맑은 하늘에 구름이 흘러가는 모습
3) 행사하는 도중에 얼굴에 햇빛을 받고 있는 모습
4) 행사가 잘 끝나서 기쁘게 철수하는 모습 등

10. 농사를 지을 때

농사를 지을 때 농사가 잘 되기를 바라는 경우 평상시에 나 시간 날 때마다 영상을 떠올려 준다. 화분 등 식물을 기를 때도 마찬가지다.
1) 논이나 밭에 좋은 기운이, 특히 가스레인지 불꽃같은 파란 빛이 비치거나 가득 찬 모습(파란 오라는 생명의 기운을 상징한다.)
2) 농작물 하나하나에 좋은 기운이 스미는 모습.

3) 농작물이 풍성하게 열려 있는 모습.

4) 풍성한 농작물을 수확한 모습과 기뻐하는 모습.

5) 농작물을 판다면 팔고 나서 돈을 두둑이 만지며 기뻐하는 모습 등.

11. 경제적으로 못 사는 사람들

경제적으로 못 사는 사람들은 자신의 레벨 안에서 빙빙 돈다. 자신의 상상력을 뛰어넘지 못하면 변화도 없다. 자신의 잠재의식 안에서 영상(자신의 처한 지경)을 떠올리지 말고 상상의 범위를 깨야 한다. 실제로 좋은 백화점에 가서 아이쇼핑이라도 한다. 그러면서 자신의 상상력의 범위를 넓혀가야 한다.

1) 상상력에 한계가 있을 때는 좋은 곳을 직접 가본다. 예를 들면 좋은 아파트, 백화점 등에 가서 좋은 것들을 의식 안에 담는다. 좋은 아파트 모델하우스를 가보는 것도 좋다. 그리고 거기에 사는 모습을 상상한다.

2) 통장에 많은 액수가 찍혀 있는 모습.

3) 좋은 음식점에서 식사하는 모습.

4) 좋은 차를 타고 다니는 모습 등(직접 좋은 차 옆에 서서 상상하면 좋다.)

5) 위의 사항들을 직접 뛰어넘을 수 없을 때는 지금 하는 일이 잘 되는 모습.

12. 내 모습 또는 타인의 모습을 바꾸고 싶을 때

좋지 않은 자신의 모습이나 타인의 모습을 바꾸고 싶을 때는 시간을 내서 뇌파를 다운시키고 하는 것이 좋다.

1) 먼저 정신적으로 검은 테두리의 스크린을 하나 만들어 자신의 현재 부정적인 모습을 그 안에 떠올린다. 그리고 블랙홀(빛조차도 빠져나올 수 없는 엄청난 밀도와 중력을 갖고 있는 천체)을 하나 만들어 그 안으로 부정적인 모습을 담고 있는 검은 스크린이 빨려 들어가서 없어지는 모습을 떠올린다. 용광로에 빨려 들어가서 타서 없어지는 모습도 좋다.

2) 빛나는 흰색 스크린을 만들어 그 속에 자신의 긍정적인 모습을 새겨 넣는다. 얼굴만 떠올려도 된다. 걱정스런 어두운 얼굴을 희망찬 밝은 모습으로 치환시켜도 된다.

3) 타인의 모습도 이와 같이 부정적인 모습을 떠올려 없애고 긍정적인 모습을 떠올려 영상을 박아 넣는다.

4) 매일 아침 일어나면 거울 앞으로 가서 최대한 행복한 표정을 짓는다. 그 표정이 당신의 잠재의식 속에 당신의 영상으로 자리 잡는다. 또는 시간 날 때마다 자주 행복한 표정을 짓는다. 입 꼬리를 최대한 올리는 것이 좋다.

이외에 다른 것들도 응용해서 하면 된다. 영상 중에 가장 행복한 영상을 떠올려 주는 것이다.

※ 나를 위해 하는 것도 좋고 다른 사람을 위해서 좋은 영상을 떠올려 주는 것도 좋다. 다른 사람을 위해서 실질적으로 무언가를 베푼다면 더 없이 좋은 일이지만, 이렇게 좋은 영상을 떠올려 주는 것은 돈도 들지 않으면서 덕을 쌓는 일이다. 또한 나의 마음을 닦는 일이기도 하다. 기도를 할 때 가장 강력한 기도 방법은 이렇게 영상을 떠올리는 것이다. 손을 모으고 영상을 떠올려라. 나를 위해서 또 남을 위해서.

★ TIP ★

누군가와 좋은 관계를 맺어 나갈 수 있게 하는 방법

이 방법도 실제가 아닌 정신적인 방법이다. 직접 관계개선을 위한 행동을 할 수 없을 때, 나의 잠재의식을 바꿈으로써 좋은 관계로 상황을 전환시키는 방법이다.

일단 정신적으로 상대방을 떠올린다. 그리고 내가 아끼는 물건이나 좋은 물건 또는 상대가 좋아 할 물건을 그에게 주는 것이다. 이렇게 했을 때 상대가 기쁘게 잘 받아주는 영상이 떠오르면 당신과 상대방의 관계가 괜찮은 것이다. 하지만, 실제로 서로의 관계가 아주 좋지 않으면 마음으로 하는 것이라도 나도 선뜻 선물을 주기 힘들고 상대방도 즐겁게 받는 영상이 잘 떠오르지 않는다. 이것이 당신의 잠재의식 안에 있는 그 사람과의 관계이며 실제로 그런 관계에 있을 것이다. 처음에 좋은 물건을 주는 것이 정신적으로 잘 안 될 때는 작은 사탕이나 아주 소중하지 않은 가벼운 것부터 한다. 그리고 점점 좋은 것을 주는 것으로 해나간다. 단지 영상만 떠올리는 것이 아니라 동작을 하며 리허설 하듯이 해도 된다.

이렇게 계속해서 정신적으로 해나가다 보면 그 사람과의 관계가 너무나 좋아졌음을 실감하게 된다. 주위에 나와 관계가 소원한 사람이 있다면 이 방법을 실행해 보라. 그러면 즉시 그 효과를 경험할 것이다. 하지만 이 방법은 당신이 진정으로 그 사람과 관계개선을 바랄 때에만 효과가 나타난다. 이는 내 마음에서 풀어내는 방법으로써, 자신 스스로가 묶은 것을 스스로가 푸는 방법이다.

◈ 이 책의 내용에 대하여 질문사항이 있으신 분께서는 아래 전화로 연락주시기 바랍니다.

○ 청하기공원 : (043) 288-7941

○ 저   자 : 010-5464-7941

저자의 기(氣) 촬영사진

저자가 2003년 월간지 기사 게재를 위해 찍은 사진에서 기가 촬영되었다. 티베트 사부님이 "기가 찍힌 것으로 이런 일이 가끔 있다"고 한다. 몇 십 년간의 기 수련이 만든 결과이다.

(필름카메라로 도장 내부에서 촬영, 뒤 배경은 실사 현수막)

내 뜻대로 살기

2020년 1월 10일 초판 인쇄
지은이   이경노
만든곳   창조와 지식
출판등록번호 · 제2018-000027호
주   소 · 서울특별시 강북구 덕릉로 144
전   화 · 070-4010-4856
ISBN : 979-11-6003-201-7   03190
ⓒ 이경노 2020. Korea

「이 도서의 국립중앙도서관 출판예정도서목록(CIP)은 서지정보유
통지원시스템 홈페이지(http://seoji.nl.go.kr)와 국가자료공동목록시스
템(http://www.nl.go.kr/kolisnet)에서 이용하실 수 있습니다.(CIP제어
번호: CIP2020000527)」